微商、朋友圈、公众号、小程序、自媒体、自明星

营销全攻略（第2版）

黄京皓◎编著

清华大学出版社

北 京

内 容 简 介

本书共有11章内容，介绍了微商运营的160多个技巧，对创业定位、成交方法、朋友圈营销、微商自明星个人品牌的打造、微商如何创业、爆款文案如何打造、公众号如何吸粉、小程序如何提升排名完成转化、经营自媒体、主流平台等方面进行了深入浅出的讲解。

本书是微商创业、微商朋友圈营销引流、微商公众号营销引流、微商小程序、微商自媒体、微商自明星的集合。每一项内容在市场上都有单独的书籍进行讲解，而本书籍要做的是将精华内容进行筛选和提炼，分析和解决重点痛点。

本书适合的阅读对象：一是微商行业的发展者；二是各大企业、单位从事微商活动的人士；三是想要发展更多粉丝的自媒体以及微信公众号的运营人员；四是想提升排名、提升转化率的微信小程序商家；五是想要打造个人IP品牌的微商或自媒体运营者。

图书在版编目(CIP)数据

微商、朋友圈、公众号、小程序、自媒体、自明星营销全攻略/黄京皓编著. —2版. —北京：清华大学出版社，2020.1(2020.11重印)

ISBN 978-7-302-54178-3

Ⅰ．①微…　Ⅱ．①黄…　Ⅲ．①网络营销　Ⅳ．①F713.365.2

中国版本图书馆CIP数据核字(2019)第256624号

责任编辑：杨作梅
封面设计：杨玉兰
责任校对：王明明
责任印制：宋　林

出版发行：清华大学出版社
　　　网　　址：http://www.tup.com.cn, http://www.wqbook.com
　　　地　　址：北京清华大学学研大厦A座　　邮　　编：100084
　　　社 总 机：010-62770175　　邮　　购：010-62786544
　　　投稿与读者服务：010-62776969, c-service@tup.tsinghua.edu.cn
　　　质量反馈：010-62772015, zhiliang@tup.tsinghua.edu.cn
印 装 者：涿州汇美亿浓印刷有限公司
经　销：全国新华书店
开　本：170mm×240mm　　印　张：15.25　　字　数：360千字
版　次：2017年2月第1版　2020年1月第2版　　印　次：2020年11月第3次印刷
定　价：59.80元

产品编号：083375-01

前言

■ 写作驱动

现在微商已经可以随时利用碎片时间进行创业了。因为巨大的人流聚集，现在的微信朋友圈，不仅是大家日常生活和工作的展示平台，而且已成为微商、自明星的必争之地。本书就是一本以微商为核心，以微商、公众号、小程序、自媒体、自明星营销引流或转化所需要的渠道和方法为根本出发点编写的著作。笔者希望能帮助微商、自媒体等运营的朋友们更好地进行运营，这既是本书产生的背景，也是市场的需求。驱动笔者创作本书的原因有以下三点。

一是微商创业时代的来临：在互联网后时代，每一个人都可以轻易成为微商。当你通过微信等社交软件向朋友推荐商品时，你就已经是一个微商了。而成功的微商，可以通过卖产品和推荐产品获取相当不错的收益，甚至把微商变成自己的专职工作，买房买车，走向人生巅峰。

二是朋友圈、公众号、小程序营销引流的加强：朋友圈、公众号和小程序一向是微商创业活动的第一阵地，如何成功地从朋友圈和公众号吸引大量客户进行营销，如何让小程序变现是每一位创业者都想了解的技巧。

三是自媒体、自明星的兴盛：在这个每个人都是一个 IP 的时代，想要销售产品，免不了把微商和品牌人格化。自媒体和自明星，正是人格化的最佳渠道。

■ 本书特色

一本书要想吸引读者的眼光，必须有它的过人之处，特色亮点是一本书的灵魂所在，而本书的特色有以下 4 点。

（1）技巧为主，纯粹干货：内容包含 6 大版块，即微商创业、微商朋友圈、公众号、小程序、自媒体、微商自明星，条理清晰，层次井然，面面俱到，具有 160 多个详细技巧，并通过"图文 + 步骤"的方式讲解，十分易于掌握使用。

（2）深入浅出，操作性强：本书从微商的各个方面进行全面、深入的讲解，并力图用最直白的语言，让读者一看就懂，一目了然。

（3）营销高手，经验丰富：本书的作者，从事微信营销、朋友圈营销、新媒体运营多年，深谙微商营销的各种玩转之道，特别是在如何快速吸粉、打造 IP 品牌等方面，经验丰富。

（4）原创内容，独家放送：书中许多内容是笔者深度研究朋友圈、公众号、小程序、自媒体、社群营销等，原创提炼出来的内容，打造全书亮点，可谓人无我有，人有我优。

■ 本书内容

本书内容结构非常清晰，语言非常简洁，对于整本书的内容，可以按以下形式展示给大家。

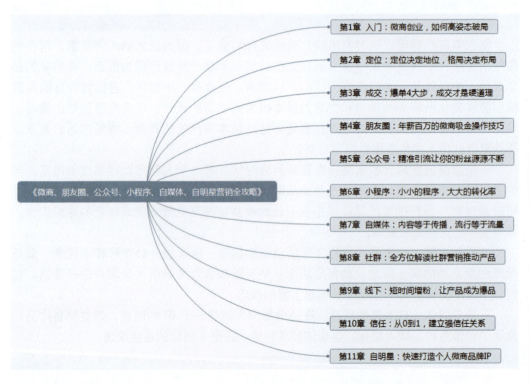

本书由黄京皓编著，由于作者知识水平有限，书中难免有疏漏之处，恳请广大读者批评、指正。

编　者

目 录

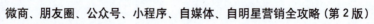

第 1 章

入门：微商创业，如何高姿态破局

学前提示

伴随着微信进入人们的生活，微商也乘风而来。本章主要讲述了微商的定义、微商的发展历程、微商的运营关键点以及成功的微商是怎么做的，让读者对微商的发展和经营有一个比较全面的认识。

- 为什么要做微商
- 什么是微商，以及微商如何发展、运营
- 成功微商人创业闭环八步曲

1.1　为什么要做微商

十年前，马云、刘强东抓住互联网入口创造了如今电商界的巨头淘宝、京东。在国家大力鼓舞广大青年创业的口号的推动下，十年后的今天，一大批有志于创业的青年人抓住了移动互联网入口，纷纷加入到创业者的队伍中，同时借由移动互联网的便利性高及可进入性高，造就了今天微商兴起、大热的局面。

在互联网时代，有句话是这样说的："得入口者得天下。"随着互联网的发展，传统互联网发展为移动互联网，这句话也同样适用。只有抓住每个时代的入口，才能乘风破浪，取得成功，这就是做微商最好的理由。

1.2　什么是微商，以及微商如何发展、运营

早在 2013 年，微商便借由微信强势来袭，以迅雷不及掩耳之势闯进人们的日常生活之中，成为人们当时讨论话题榜的"常客"，微商不可谓不火。想要找准入口，更好地进行微商创业经营，对微商有深入且详细的了解是必不可少的。本节将为大家详细介绍微商的定义和发展。

1.2.1　微商的定义和商业本质

微商这么火，那微商究竟是什么呢？就目前为止，对于微商的定义全行业还没有一个统一的学术性概念。据某项数据调查发现，人们对微商的认知普遍都是：微商就是那些天天在朋友圈发广告卖东西的人；也有一部分人认为：微商就是通过开设微店卖东西的人。由此可见，人们对微商的认知还是有一定偏差的。

微盟的总裁孙涛勇对微商的解释为：微商是借由微信而产生的一种移动社交电商，它根据定位的不同分可为企业对个人的微商、个人对个人的微商。而微商的商业本质因为微商的属性不同而有所不同，主要体现在个人微商、团队微商和品牌微商 3 个方面，下面进行具体介绍。

1. 个人微商

个人微商指的是消费者对消费者的微商，它在电子商务里也被称作 C2C 微商，C 是英语单词 Customer 或者 Consumer 的简写。个人微商的主要特征是直接面对消费者。

个人微商，也可理解为是传统线下零售店借由微信、微店等移动平台打造的个人移动平台零售店铺。个人微商是直接面对消费者，省去了一切中间环节，整个交易过程显得很简单，比较适合新创业者。

2. 团队微商

团队微商是个人微商发展到一定阶段后的一个微商种类，是指个人微商经过一段时间的积累，慢慢有了自己的产品代理后，团队逐渐从一个人壮大到几个人、十几个人或者几十个人。这种团队微商相对于个人微商已经有了自己的产品市场、客户资源以及经验理念和模式，后期的经营也主要以培养、维护代理以及为客户提供更好的服务为主。

3. 品牌微商

品牌微商指的是一些传统的线下品牌企业抓住趋势，由线下到线上转型而形成的品牌微商；个人微商发展到一定规模后，建立了自己产品品牌而形成的品牌微商；以及新创业者借由微商的风口，自主研发品牌成立公司的品牌微商，总结起来微商品牌主要有以下3种。

第一种，传统品牌企业转型的品牌微商。

第二种，个人微商发展而成的品牌微商。

第三种，全新创业者成立公司的品牌微商。

传统线下品牌企业转型微商行业的，可以借由之前线下营销积累的人脉和口碑等优势，再结合互联网移动平台的优势力求突破，实现转型，让企业品牌发展更迅速。

由个人微商发展而成的品牌微商，也开始注重品牌宣传并以服务为主。这种品牌微商的工作重心已转移到以发展和管理好代理、建立品牌系统等方面。

而全新创业者则借助微商兴起的东风，成立公司进行自主产品研发，形成自己的微商品牌，实现品牌的规模化、人格化，从而实现成功自主创业。

1.2.2 微商的过去、现状和未来

微商最早孕育在微博上，但是它的兴起和发展却是自 2012 年微信平台推出朋友圈这一功能之后。无数创业者借助朋友圈这一功能开始了自己的微商创业之路。微商从兴起到现在，短短几年时间已经经历了几个阶段的发展，一路走来备受大家的关注。现在我们来回顾一下微商发展所经历的几个历程。

1. 初入视野的生长期

微商进入大众视野是借由微信朋友圈这一平台，这一时期的微商大多是以个人创业者为主，他们各自为阵，每天在朋友圈或者 QQ 空间疯狂刷屏，发布产品信息。这一阶段的微商是个人微商，卖家直接针对消费者。

这一阶段，微商刚开始进入大众的视野，人们对它还充满新鲜感，且这种营销也确实在一定程度上给想要购买的人带来了便利。所以人们并不排斥他们每天

刷屏，推销产品。这一阶段的微商还不具备专业的营销经验，他们每天所做的仅仅是靠着疯狂加人、刷屏这种暴力型的做法推销自己的产品，并没有一定的营销技巧。但不可否认的是，有一部分人靠着这种暴力型的销售方法确实将自己的产品卖出去了，并且收获了一定的利润。

专家提醒

这一阶段的微商之所以获得成功，除了经营者本身具有一定商业远见和人际关系之外，还带有很大的机遇性。

2. 品牌建设的成熟期

当人们看见最早的那些微商通过简单的营销方式获得成功之后，觉得微商行业确实有利可图，加上入行门槛低，经营也简单，于是便有大批人涌入微商的阵营，成为微商行业中的一员。

这个阶段的微商，经过前一段时间的行业运营后，慢慢总结出了一些行业规律，行业体系已初具规模，团队型的微商慢慢地孕育而生。团队型微商的出现是微商行业发展到一定阶段的必然趋势，具体原因有3个。

- 行业发展初具规模。
- 个人微商的增多。
- 行业竞争性加大。

这一阶段的微商开始慢慢摒弃疯狂刷屏的营销模式，开始注重团队的建立和管理，不再以开发客户为主要目标，而是注重代理的维护与长期发展。分销模式是这一阶段微商的主要运营模式。

专家提醒

在这一运营模式中，客户可以成为销售者，销售者可以成为管理者。微商要做好自身影响力的建立，从而不断扩大团队的影响力和规模。

3. 渐成规模的发展期

微商经过前两阶段的发展，到现在已经逐步走向正规，也慢慢具备了微商产业化和品牌建设化的特征。这一阶段的微商非常注重自身品牌的建设，在拥有了一定的经验之后开始走品牌化的道路。

品牌建设是每个营销时代都要走的路，不管是传统行业的线下门店营销，还是电商平台的淘宝、京东，现在微商行业也不例外，建立自己的品牌是这一阶段微商主要的经营任务。

微商行业要完全实现正规化，就必须借助品牌的力量，微商品牌化的建立是对顾客的一种责任感。品牌能够保障顾客的权益，而任何一个销售行业都应该以人为本，将客户的利益放在最前端，这是保证行业顺利发展下去的根本。

专家提醒

微商品牌化是微商行业持久经营下去的必经之路，也是微商未来的出路。注重微商品牌的建设，以及品牌商的引入才能使微商之路走得更远。

1.2.3　微商与电商有哪些不同点

一般来说，微商与电商的不同点体现在 7 个方面，分别是产品的搜索方式、对产品流量的关注度、交易后对客户的维护、产品呈现的方式、进行销售的话术、产品的推广方式、了解客户反馈。下面就对这 7 个方面进行阐述。

(1) 产品的搜索方式。电商进行产品销售时，用户是可以搜索商品比价的，而微商销售产品主要是靠微信好友的分享推荐，无法搜索产品的性价比。

(2) 对产品流量的关注度。微商由于与电商的销售平台不同，所以主要是以维护客户为核心，不需要过于关注产品的流量。而电商由于平台用户量比较多，因此关注点也主要在产品的流量上，即产品的浏览量和销售量。

(3) 交易后对客户的维护。一般电商的一个产品交易完成以后，销售人员不会和客户有更深入的了解交流，而微商完成一个产品的新交易后，就是维系一个长期客户源的开始。

(4) 产品的呈现方式。电商进行销售的呈现方式主要是产品的展现，而微商进行产品销售的呈现方式主要是与客户的互动。

(5) 进行销售的话术。电商销售产品一般是不需要太多话术的，用户只需要看产品的销售数据和评论就会自行决定是否购买，微商销售产品则是需要靠话术来促进成交的。

(6) 产品的推广方式。微商的产品推广方式一般就是多招代理，而电商则主要是靠广告进行产品推广。

(7) 客户反馈的体现方式。电商的用户反馈都是体现在产品的评论里，而微商主要通过客户的反馈了解客户对自己产品的满意度。

1.2.4　微商行业的 6 个特点

微商从兴起到发展再到如今火热的局面，整个过程只花了几年的时间，除了互联网电商发展的推动，在很大程度上是由微商行业本身的特点所致。微商行业的特点具体体现在以下 6 个方面。

1. 入行要求低

要成为一名微商，不需要很高的门槛，即不需要你拥有雄厚的资金、人脉资源。微商入行要求低主要体现在以下 3 个方面。

第一，入行资金成本低。

第二，经营平台可进入门槛低。

第三，经营难度低。

要成为一名微商，入行资金是非常低的。不需要你像线下实体经营者一样拥有自己的门面，花费大笔的门店装修费用等前期投入，如果你只是选择代理别人产品的话，也不需要你像淘宝、天猫等电商经营者一样在电商平台上缴纳一定金额的保证金。只需要你有一部智能手机、有一个微信账号即可。

微商只需在软件应用商城下载微信、QQ 等开放性社交软件，注册好账号，即可开始兜售你的产品，因此微商经营平台的可进入门槛低。

微商的经营非常简单，不需要你有多年的店铺经营经验，也不需要你像天猫、淘宝店铺的商家一样会整理、装饰店铺。经营过程相对实体店或者天猫等电商平台要简单很多，上传产品信息只需拍图或者让你的上家给你提供相关资料，将产品信息发布在你的移动社交圈即可。顾客下单后，你可以选择自己发货，也可以选择让上家代你发货。

专家提醒

　　微商入行要求低是导致微商火爆的原因之一，经营者不需要过多资金投入、经营经验，这也是在一定程度上导致微商行业在外界看来规则混乱的原因。

2. 经营方式为主动型

不同于传统实体店或者一般的电商购物平台，这些平台只是等顾客上门的被动型营销方式，微商的营销方式具有一定的主动性，它与传统的坐等顾客上门的营销方式相比较更具优势，其主动性主要表现在以下两方面。

第一，微商需要主动寻找开发客户。

第二，微商需要主动向客户传递产品信息。

前期微商需要通过各种渠道、方式引流加好友，然后再将加入的好友开发成客户，这一过程微商都是主动的。

同时，将商品信息传递给客户的时候，微商也与传统线下经营不同。传统线下或者电商购物平台都是等顾客有兴趣了解时，再向他们传达商品信息，而微商则是先向对方传达商品信息，引起对方的兴趣和注意，然后再趁机促成交易。

3. 双渠道传播

微商相对于传统营销来说更注重产品口碑的好坏。口碑的好坏也决定了微商产品的传播速度。微商的传播相对于传统营销的依靠客户相传，多了互联网时代下各种社交渠道的传播。产品用户传播和社交渠道传播两者优势表现具体如下。

(1) 客户的口头传播。这种传播针对性比较强，容易让其他用户信服，也具有情感优势。

(2) 社交渠道传播。这种传播渠道的优势有 3 个，分别是传播范围广、传播速度快以及传播成本低。

而微商的传播则刚好将两者的优势相结合，获得了更快的传播速度以及更佳的传播效果。微商是基于移动社交平台进行营销的销售行业，而信息的快速传播是移动平台的优势，因此移动社交平台可以将微商信息更快传播。

4. 效果产生裂变

移动社交平台具有将平台内容快速分散裂变的功能，因此也可以理解为微商在使用移动社交平台进行产品营销时，移动平台自身的优势将使微商产品营销效果进行快速裂变，让微商花一倍的时间可以收获数倍的效果。

微商在进行产品营销时，需要进行自身人脉资源的积累，因为更多的人脉资源将会产生更多的客户。根据裂变定律，认识一个人之后，这个人会再让你认识 25 个新人。那么移动社交平台将会将裂变定律再进行裂变，让你积累一个人脉资源后，再认识几倍 25 个的新人。新积累的人脉资源越多，裂变的次数越多，微商的人脉资源就会越来越雄厚，因此在一定程度上成交率也会提升。

微商在向外界传播产品信息的时候也会产生效果的裂变，传播范围也会比微商所能接触到的范围更广阔。因为你的产品信息可以通过客户传递出去，客户又可以通过身边的人脉传播出去，因此，微商将收获更佳的产品宣传效果。

微商在营销过程中，除了积累人脉以及产品销售外，还要注重产品口碑的积累。通过移动社交平台，微商产品的口碑也会以数倍的形式传播开来。这种口碑积累将会对微商的销售产生巨大的作用，因此微商一定要注重产品质量，做好优质口碑积累。

移动社交平台的快速传播性，使在这个平台上传播的信息都会产生裂变，这对微商来说是好事也是坏事。好的方面是产品信息、推广宣传效果会更好；坏的方面是，如有产品负面消息时，传播速度会加快、范围会更广，因此微商要严把产品质量关。

5. 以信任为前提

微商在营销中有一个重要特点就是靠信任促成产品的交易。而客户对微商的信任主要表现在两个方面：一是对微商产品的信任；二是对微商本人的信任。

所以，微商要成功售出产品要靠两方面，一是产品本身的优势；二是靠微商本身的人格魅力。质量好的产品会让顾客更愿意购买，并且乐于跟身边的人传播，推荐他们使用。但是有魅力的卖家会让客户长期跟随成为忠实客户，更甚者可以将客户转化为产品代理，从而扩大微商的团队。

微商产品的成功销售都是基于客户对产品的信任、对微商的信任。所以，微商经营过程其实也是人际关系的经营过程。

6. 简单化的交易

微商的交易过程很简单，从产品信息的发布到送到买家手中，整个流程非常快捷。总结起来，微商交易简单主要体现在3个方面：第一，产品流通环节减少；第二，支付快捷方便；第三，发货形式多样。

因为微商的销售是直接面对消费者的，因此省去了很多中间环节，产品不需要复杂的流通过程，卖家这一方可以通过图片、文字视频等形式将商品直接发布在移动社交平台上，买家看中商品后，拍下付款，卖家可以通过快递送到客户手中。如果是同城交易，那么快递过程都可以直接省略，卖家可以选择亲自送货上门。

1.2.5 微商运营的5大关键点

微商运营的5个关键点分别是保证产品合格、获取客户信任、找准推广平台、管理运营团队、定期进行培训。下面就对这5个关键点进行介绍。

(1) 保证产品合格。微商的产品至少需要有一个官网或者是百科介绍，这样客户选择微商的产品时才会更放心。如果产品什么官方介绍都没有，很有可能会被客户认为是质量不合格的产品。

(2) 获取客户信任。只要是商人都知道，获取客户的信任是至关重要的，而微商获取客户信任，主要依靠朋友圈好友的互推、百度百科介绍以及官方媒体介绍这几个方面。

(3) 找准推广平台。微商需要多利用一些流量平台来推广自己，比如抖音平台、微博平台等大流量平台，以此获得更多的客户资源。

(4) 管理运营团队。微商在运营的每个阶段，都需要管理好自己的团队，只有团队良好地在运营，才能保证产品的正常销售。微商的团队可以通过设置一些扶持政策、多组织团队活动等方式来进行管理。

(5) 定期进行培训。在微商的运营过程中，进行培训也是非常重要的一环，微商的培训分为4个层面，即对入门级微商的培训、一年以上微商的培训、微商精英成员的培训以及微商领导人的培训。其实只要我们关注一些认真运营的微商的朋友圈，就能发现这些微商都会经常发一些自己参加培训的动态，这也体现了微商对参加培训的重视，因为现在时代的发展日新月异，只有不断学习，才不会落后。

1.2.6　微商操作的流程

俗话说：没有规矩，不成方圆，这个"规矩"就是我们各个行业里一套标准的操作流程，只有按照标准流程运营才能更好地发展下去。而我们做微商虽然没有太多约束，但想要把团队经营得更好，也必须有标准的操作流程。下面主要介绍微商标准操作的 4 个流程。

1. 流程 1：吸引关注

微商其实也就是在经营粉丝。一般粉丝的来源有两种，一种是用户主动来加微信，另一种是微商通过一些途径加其他用户的微信并发展成忠实客户。因为微商在经营初期是不可能被别人认识的，所以经营的第一个操作流程就要主动地去加别人的微信，最基础的方法就是利用多个媒体平台，最大限度地增加自己的曝光率。

像一些微信群、贴吧、微博等平台，都是微商可以用来吸引粉丝的工具，只要我们把推广内容做得有吸引力和诱惑力，然后再不断地通过大流量平台曝光自己，总会吸引一批感兴趣想要了解的用户关注。

2. 流程 2：打造内容

微商的内容包括视觉和文字内容，也就是图文内容和视频内容。过去大家为了增加曝光率主要做法就是刷屏，但以后我们很难再刷屏了，据最新版微信内测消息，腾讯公司会在新版微信里加"喝倒彩"功能，并且只要被"喝倒彩"达到一定的次数，平台会有相应的惩罚，这个功能的运用会让微商一旦刷屏容易被封号。

建议大家以后可以发一些能跟用户有互动的内容，比如发一些小调查或是知识问答等，让别人有评论甚至点赞的兴趣和欲望，进而产生互动，并不一定要依赖刷屏来获得用户关注。并且我们每一次跟用户的互动，都是在增加自己的曝光率，同时增加销售产品的可能性。

3. 流程 3：成交追踪

微商的成交往往是和后期的客户维系放在一起的，因为这样能提高二次成交的概率。但微商也没必要在一些完全不回复的用户以及无用的资源上过多地浪费精力，多去维系那些对产品真正感兴趣、有需求的用户。

通常会对你的内容进行评论的用户，成交意向会比较大，可以多进行沟通。关于沟通，微商最好也拟定一个标准模式，比如针对产品进行介绍的内容，客户常见问题的标准回答等。每个销售环节有对应的专业内容，这样能凸显微商的专业度，让客户放心购买产品。

4．流程 4：吸引代理

现在 70% 以上的微商经营都包括招代理这个环节，招代理其实就是一个复制裂变的过程，而好的传播能带来裂变也是移动互联网时代的特点，每个互联网用户都能通过自身的影响力获得一传十、十传百的效果，带来更多的用户。因此微商团队招代理这个流程，需要选择沟通能力和表达能力都很出色的人来完成。

1.3　成功微商人创业闭环八步曲

很多微商遇到发展瓶颈做不下去的原因，就是败在团队建设上。这已经不是一个单打独斗的时代，我们需要抱团才能成功。本节主要介绍 8 种成功经营微商以及微商团队的方法，希望微商们仔细阅读、熟练掌握。

1.3.1　讲述梦想

一般成功人士演讲的时候，都喜欢谈梦想，用梦想来吸引大家加入自己的团队。马云每次上台演讲的时候，谈得最多的也是梦想，每次演讲完后，总会吸引很大一部分人加入他的团队，和他一起创业。

例如，在吸引新成员加入你的微商团队时，你可以挖掘对方的需求，他有什么样的梦想，用梦想来刺激他的行为。以梦想为设问的聊天逻辑有以下几种特点。

第一，你有什么样的梦想？你的梦想是什么？

第二，你的梦想能不能再具体、明确、清晰一点？

第三，你的梦想太小了，能不能将梦想放大一点？

第四，通过你目前的工作和劳动，能实现梦想吗？

第五，我能帮你实现梦想，你愿意跟我一起干吗？

按如上所述聊天逻辑，以下展示相关聊天案例。

你问对方："你的梦想是什么？"

对方回答："我想买一辆车。"

你继续问："你想买一辆什么类型的车？价位在多少？什么品牌？能不能再具体、清晰一点？"

对方回答："我想买一辆越野的宝马，价位在 100 万左右，我想开车带上爱人实现自助游。"

你继续问："你的梦想能不能再放大一点，梦想还是要有的，万一实现了呢？"

对方回答："那我还想买一套房子，装修成自己喜欢的模样。"

你继续问："那以你目前的收入和劳动所得，能实现你的梦想吗？"

对方经过仔细一算，回答："实现很难。"

你继续说："跟着我一起干、一起创业，我能帮你实现你的梦想，你愿意吗？"

此时，你可以以团队其他成员为例，他们跟着你干，都已经买房买车了，用成品案例来吸引对方加入你的团队。如果你也是刚刚起步的微商创业者，那么可以以品牌的创始人为案例，讲讲他是如何成功的，只要故事是真实的，就一定能吸引人。

1.3.2　作出承诺

谁都想当老板，谁都想拥有一个美好的未来，谁都想拥有一份不错的事业。那么，以你目前的工作状态，可以实现你的远大理想吗？

此时，你可以按以下逻辑和思维，和他谈谈未来和前程。

如果对方是公务员，虽然工作稳定，但是上升空间很难，涨薪幅度很小。

如果对方是企业白领，假如自身能力不是特别优秀，现在能干的人那么多，如何能够脱颖而出成为领导？

如果对方开了一家小店，如何能顺利开展自己的副业，1天时间赚双份的薪金？

如果对方是刚毕业的学生，如何能快速地自食其力，不用再依靠父母的补给生活？

如果对方是带孩子的宝妈，如何通过自己的努力，成就一番事业，让老公对自己刮目相看？

告诉他们，做商业就可以实现你的远大前程！微商等于自己创业，自己当老板，只要自己足够努力，收入上不封顶，做得好的微商比比皆是。

1.3.3　认真专注

微商行业发展以来，经营的人如鲤鱼过江般广而泛、多而杂。真正做得好的却是少之又少，除去能力有限不说，这里面很大的一部分原因，就是这些经营者杂念太多不够专注。专注对于微商经营的重要性，主要来说有4点：一是坚持经营；二是找准定位；三是优质产品；四是客户认同。

微商对自己的产品运营不够专注有3个方面的原因，一是纯粹进来凑个热闹，并没有想要在微商行业作出一番事业的想法，这是态度问题；二是意志力不够坚定，总想着借鉴他人的成功经验，看着别人什么做得好就跟风，完全不考虑自己的定位和特长，这是能力问题；三是对其他工作投入太多，根本分不出精力来管理自己的客户，这是个人时间的问题。

专注是微商摆正态度的第一步，也是直接影响后续发展的一步。进入微商行业，专注地在这一领域深耕，往往能弥补一些能力上的不足。选好定位，做自己擅长的事，不要总是跟别人比，越比较越迷茫，瞻前顾后、左右摇摆会毁掉自己的事业，把力道都集中在一个点上，就会有水滴石穿的效果。注意力越专注，时间越长，能力、经验和感情的积累在客户心中越会转化成认可。

1.3.4　积累学习

作为一个成功的微商，需要非常丰富的知识和高强度的大脑，然而多数人都不是天赋异禀的超人，可以轻松做到了解天下大势，把握社会百态，抓住客户需求。所以，我们需要多学习和多了解专业性知识、社会知识、文化知识，慢慢积累经验和能量，厚积薄发。

1. 学习专业性知识

知识性的学习是对内在头脑的补充和提升，需要一个循序渐进和融会贯通的过程，而专业性知识确实是可以速成的，并且微商的经营之道就是先学会做形式，再学会做内容，客户选择微商也是先看对产品和经营的外在形式有没有信任度和需求，再决定要不要去了解，所以建议微商先学习一些专业类的知识。

比如销售护肤品、彩妆的微商就需要对产品的成分、作用等了解透彻，更需要对肤质以及护肤、彩妆针对不同肤质的搭配等专业问题进行学习，现在有很多这样的微商在科普护肤或彩妆知识后推荐产品，也是很不错的方法，如图1-1所示。

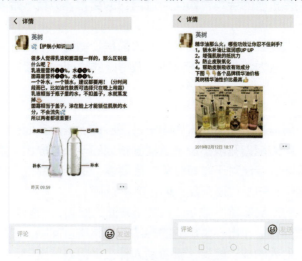

图1-1　科普护肤知识的微商

2. 学习社会知识

经营微商，不论定位多么专业，都一定要关注社会时事，唯有把握社会热点才能准确掌握用户的痛点，思考用户的需要，并最大限度地满足用户的需求，这是一条快速积累人气的捷径。学习社会知识最好的途径就是看相应网页中的社会新闻和报道，如图 1-2 所示。

图 1-2   有关教育类的社会新闻

3. 学习文化知识

经营微商，心态和形式是首要和前提，但最终进行推广才是王道，而推广就需要微商有较强的文化基础，并且不断地深化学习，让产品推陈出新，这样经营在用户心中会增色不少。反之，缺少文化积淀的微商内容，不论形式做得多么好，都会给人一种金玉其外的感觉。所以，建议微商多读书、多学习文化知识。

1.3.5   明确定位

在微商中，明确的产品定位就像是现实生活中的 GPS 定位一样，能让微商人找到自己需要的客户，也能让客户找到自己需要的产品。好的定位能实现微商和客户的双赢。举个简单通俗的例子，销售母婴产品的微商只要明确自己的产品定位和用户群体，就不会将推广目标聚焦在未婚女孩身上，因为成功概率要小很多。明确的定位可使微商的发展得到良好的结果，这点主要体现在以下两个方面。

第一，对经营产品的兴趣决定了微商是否专注、坚持。

第二，对产品涉及领域的专业程度，主要决定了微商的能力、经验和在客户心中的可靠程度。

物以类聚，定位也是给微商自己做一个分类，有了分类以后更方便微商在圈子中寻求伙伴，一起交流成长，或者共同经营，向团队化方向发展。而有了定位以后，也能吸引到更加精准的客户。

1.3.6 资源聚拢

好友是资源、是导师、是方向、是途径，好友可以是一切，或者说好友可以给你想要的一切帮助，这样一个道理放在任何一个行业里都适用，在商业化的微商运营中更是如此。通过微商创业取得成绩的商人都会合理运用资源，这个资源分为两个方面：第一个是业内互助的好友；第二个是业内的明星好友。下面分别进行介绍。

1. 业内互助好友

进入微商行业，找到自己的定位之后，兴趣相投、志向相同的业内小伙伴就会自觉聚拢在一起，这些站在同一高度的微商还可以互相帮助。下面以图解的方式对发展业内互助好友的好处进行分析，如图1-3所示。

图1-3　发展业内互助好友的好处

2. 业内明星好友

在微商行业里，要多向行内的成功人士请教学习，要学会站在巨人的肩膀上去看问题和解决问题，这样经营产品会获得事半功倍的效果。作为一个新手，有一个微商的"大牛"朋友是很有激励性作用的。下面用图解的方式对发展业内明星成为好友的好处进行分析，如图1-4所示。

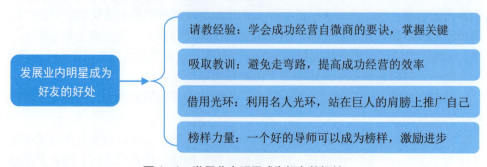

图1-4　发展业内明星成为好友的好处

1.3.7　锻炼情商

微商创业者的最根本身份是一个管理者，而能够当好一个管理者的人，不一定是一个智商超群的人，却一定是情商超群的人。不论是对内部员工的分配、调动，还是对外部用户的吸引、维护，都需要强大的沟通互动能力。

在沟通互动的能力上，情商的作用占80%。而成功的微商创业者恰恰正是这种高情商管理者。微商创业者的沟通互动技巧主要体现在对员工的管理上，具体需要做到以下几点：第一，对员工的分工要明确；第二，员工的目标要一致；第三，对员工的赏罚要合理；第四，要加强与员工的感情交流。

任何一个事业的成功，都是以工作团队的良性运营为基础的，工作团队良性运营的保障叫作体制。"体制"这个词经常在国家单位里出现，并且与发展改革挂钩。其实任何单位团体都有运营体制，并且决定着一个单位团体的经营状态和发展前景。运营者需要注意体制的健康状态。

运营者需懂得，自己的团队才是经营的核心，是团队头脑、手足；运营者需懂得，经营是一场马拉松竞赛，一个健康、强壮的身体是胜利的决定性因素。微商创业需懂得正确管理团队——这才是一切的根本。下面以图解的形式向读者介绍体制对团队经营的影响，如图1-5所示。

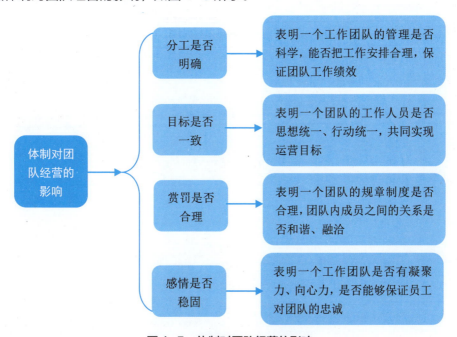

图1-5　体制对团队经营的影响

1.3.8　打造形象

在互联网时代，每个人都是发言者，但大多数人的发言都枯燥而无味，不仅于微商整体事业发展的多元化、优质化无益，反而把真正做得好的微商埋没了。就像把一颗珍珠和一箩筐鱼目混在一起，尽管在材质上千差万别，但一眼看过去难以区分。比如一些知名品牌名称被借用，让客户分不清真假。

既然无法让客户一眼就看出珍珠和鱼目在材质、外观上的区别，那就尽量在内容个性上下功夫。如果和一筐鱼目混在一起的是一颗粉珍珠或黑珍珠，那么就非常醒目了。色彩、形式可以看作是微商内容经营的个性。一般来说，微商内容经营有以下五大个性类型。

第一，文艺小清新型。

第二，麻辣犀利型。

第三，励志正能量型。

第四，八卦幽默型。

第五，心灵鸡汤型。

第 2 章

定位：定位决定地位，格局决定布局

学前提示

微商要想自己开创的事业能长期、健康地经营下去，首先要做好定位，准确的创业定位能够让创业者坚定自我。本章主要从产品定位、用户定位和模式定位 3 个方面讲定位，使微商能明白怎样才能走向成功。

- 什么是定位以及定位的重要性
- 产品定位：如何用产品定位解决痛点
- 用户定位：搞不清目标用户将举步维艰
- 模式定位：选对经营模式才能事半功倍

2.1 什么是定位以及定位的重要性

新手微商在开始自己的微商之路时，很容易陷入迷茫。看着别人的微商事业开展得风生水起，可自己却一片混乱，这个时候他们就会产生"是不是卖的产品不受欢迎啊""咦，好像她的面膜生意挺火的，我要不要也去卖面膜啊"等类似的各种疑问。等他们换成觉得生意火爆的商品后，状况却还是跟之前一样，会不禁开始对自己产生怀疑。

其实，微商新手会出现这样的情况，很大一部分原因是在没有对自己的事业进行一个详细的规划时，就盲目地开始了。因此在开始着手做任何事之前，都要做好各方面的明确定位。本节将带大家了解定位和定位的重要性。

2.1.1 从 3 个方面了解定位

一般来说，微商可以分为个人微商、团队微商以及品牌微商 3 大类。微商选择个人角色，是指在微商入行前要先确认是自己单干还是加入团队或者代理品牌。

每种类型的微商都有其主要的工作内容和所需具备的能力。下面我们来针对每种类型的微商作一个简单的分析。

1. 个人微商

如果微商选择自己单干，那他就是个人微商，他的主要工作内容跟重心就是以个人微信宣传为主，对于他个人的能力要求也就较低。自己单干的微商，工作内容和所应具备的工作能力有下述两种。

第一，完成主要工作内容，即个人微信推广、获得流量、吸引顾客、产品宣传。

第二，需要具备用各种渠道引流与客户沟通以及产品的宣传推广能力。

如果你在刚入行的时候选择自己单干，那么你主要的工作内容就是学习做微商的工作内容和工作流程，慢慢积累自己的经验。同时也要具备一些沟通客户、宣传产品、获取流量等基本能力。

2. 团队微商

如果你选择创建团队，那你就是团队微商。团队微商相对于个人微商而言，需要具备的商业经验以及个人能力要丰富一些。团队微商的主要工作内容和工作能力具体包括以下两个方面。

第一，主要工作内容包括招募、管理、培训代理以及维护客户关系。

第二，主要工作能力包括具备一定的团队管理能力。

如果选择创建团队，那么你就需要具备一定的团队管理能力。因为一个团队管理的好坏会直接影响到整个团队的发展。团队微商的工作是以招募人员、培养精英、管理代理为主，同时还要不断壮大队伍，增强个人及团队的影响力。

3. 品牌微商

　　如果你决定创建微商品牌的话，那你就是品牌微商。你需要清楚的是：品牌微商是你从事微商行业的目标，还是你已经具备品牌微商该有的实力。

　　如果你是将品牌微商作为你奋斗的目标，那么你就应该从前期的个人微商或者团队微商开始，慢慢积累实力，为未来做铺垫。

　　如果你已经具备了品牌微商的实力的话，就需要清楚，品牌微商主要的工作内容和应具备的工作能力，主要有以下两方面。

　　(1) 主要工作内容。包括客户维护、品牌建设、品牌管理运营以及人才的培养、管理等。

　　(2) 主要工作能力。较强的品牌建设、管理、宣传能力以及团队管理能力等。

　　上述的自我定位，主要是让微商选择好在微商道路中的起始点，这个定位可以根据自身的实际情况，选择适合自己的即可。

2.1.2　定位为何如此重要

　　定位的重要性体现在 3 个方面：第一，可以让微商不再盲目跟风，更理性；第二，可以让微商找出自己的优势，更顺利；第三，可以让微商不轻言放弃，更坚定。下面针对定位的 3 个重要性进行讲解。

1. 不再盲目跟风，更理性

　　新手微商在开始走上微商之路时，如果不对自己进行定位，很容易被其他人的行为所左右，变得盲目跟风，人云亦云，随大流，找不到适合自己的正确道路。例如在选产品时，哪款产品火就去卖哪款，完全不去思考是否适合自己、是否有经营这款产品的优势。在经营了一段时间之后，才发现自己并不适合且不喜欢经营这款产品，最后只好放弃，再去选择另一个市面上的"爆款"产品经营。

　　因此，如果微商想要避免这种跟风情况的出现，找到适合自己的产品，就应该进行自我定位。微商自我定位，克服盲目跟风的好处有两点：一是可以找到适合自己的领域；二是能在适合自己的领域长期坚持下去。

2. 找出自己的优势，更顺利

　　找出自己的优势，也是微商进行定位的目的之一。因为开始做一件事情之前，若能找出做这件事情自己所具备的优势，然后会好好运用这个优势，那事情进行起来就会更顺利。微商在工作中找准自己的优势有以下3个好处。

- 能提高自己的工作信心。
- 会提高工作的专注度和持久度。
- 进一步提升自己的工作效率。

因此，如果微商想长久地经营好自己的事业，就必须先了解清楚，自己在经营这份工作中所拥有的优势，然后将这些优势最大化，那样事业才会进展得更顺利。

3. 不轻言放弃，更坚定

很多新手微商在刚入行时，因为没有对自己进行明确的定位，所以在产品的经营过程中就会容易出现不专注、不能坚持的现象。这种不专注和不能坚持主要体现在两个方面：一是容易受到外界的干扰；二是做事情没有恒心。

微商如果容易受到外界的干扰，那么其在产品经营的过程中，就会出现做事3分钟热度、对自己没信心的情况，从而不能坚持下去、半途而废。更甚者会重新换一种产品，或者干脆完全放弃微商这份事业。那么，其前期的努力就都白白浪费了。

因此微商在开始自己事业的时候，进行自我定位是非常有必要的，它能够让每一个微商专注于工作不受外界干扰，能在遇到挫折时不轻言放弃。

专家提醒

微商在前期工作中会遇到各种各样的困难，如果入行时没有针对自身做好各方面的明确定位，那么很容易在这一行坚持不下去。所以每一个跨进微商行业的人前期都应该进行自我定位。这样才能在遇见困难时从容面对，跨过微商道路上的每一个坎，更好地迈向成功。

2.2 产品定位：如何用产品定位解决痛点

选择自己想要经营的产品，是每一个生意人都应该认真思考的问题，微商也不例外。产品是整个经营事业的核心。微商选择一款好的、对的产品，对自己经营的事业来说是极为重要的。本节将为大家介绍微商用产品定位提升销量的4个方法。

2.2.1 产品卖点定位的选择

在微商行业竞争日益激烈的当下，做微商最基础的就是要清楚自己产品的卖点，只有清楚了产品的卖点，才能更好地展示出产品的优势和特点，在同类产品中脱颖而出。一般来说，一个产品的卖点有 3 大特征：第一，产品的卖点能满足目标受众的需求；第二，与市场同类型产品相比，有比较突出的优势；第三，可以满足不同的客户同样或者相似的要求。

知道了产品卖点的特征以后，想做好微商还必须了解下面 6 大经典产品卖点。

1．推广产品概念

打造产品的概念，是突出产品"卖点"的一种形式，做好概念的推广，也将对产品的销售起到重要的作用。例如，电视上的很多广告词都用了推广产品概念的方法，潜移默化地让消费者记住并选择产品，如"有汰渍，没污渍"这句汰渍洗衣液的广告词，就充分挖掘出了消费者内心深处的需求点，从而被大众所熟知。

2．推广产品品质

产品品质的核心是客户的满意度，微商需要将品质作为卖点来推广的原因有两个：一是现在微商泛滥，可供消费者选择的产品很多，只有对产品的品质有更全面的保障后，才能得到消费者的信赖；二是将品质作为产品的卖点推广时，如果有专业的人士或权威机构的认证，会让产品更有可购买性。

3．推广产品包装

微商做产品推广，包装的重要性是不可忽视的，因为在质量相同的情况下，包装精美的产品更容易得到消费者的青睐。比如，农夫山泉将包装做得更精美以后，甚至能在国际会议上亮相，成为招待各国来宾的指定用水。图 2-1 所示，是农夫山泉推出的纪念款"金猪套装"水，包装依旧十分精美。

图 2-1　农夫山泉"金猪套装"水的包装

4. 推广产品特色

以产品特色作为卖点进行营销的方式，与其他卖点定位的营销方式其区别在于突出产品特色，而不注重消费者对产品的概念以及内涵、文化等方面的诉求，以非常直截了当的方式，让消费者能够注意并且记住产品。图2-2所示的面膜品牌，就将"可以喝"这一特色作为产品卖点进行推广。

5. 推广产品情感

用情感作为产品的卖点定位，也就是我们比较常见的情感营销，通过把目标客户的情感需求作为策略，以实现企业的经营目标。比如，近年比较火爆的白酒品牌"江小白"，情感营销就做得很好。如图2-3所示，因为"江小白"产品定位的人群是年轻人，所以包装上都是能让大部分年轻人产生情感共鸣的文字。

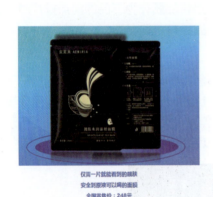

图2-2　以产品特色为卖点定位的产品

图2-3　"江小白"的包装封面语

6. 推广产品代言人

将产品的代言人作为卖点进行推广，是指找一些明星、网络红人等比较有知名度的人来为产品代言。因为有知名度意味着本身就具有一定的粉丝基础，无论其他人是否选择购买产品，他们的粉丝都是能够成为目标客户的。

2.2.2　找出要经营的产品

新手微商在选择自己要经营的产品时，通常都会比较纠结，因为对市面上五花八门的产品不知该如何选择。其实微商在选择产品时只要掌握以下两个策略，就可轻松找出自己要经营的产品。

1. 把市场需求作为前提

有市场才会有需求，有需求才会带动销售。新手微商在选择自己要经营的产品时，可以从市场需求这方面去思考。先了解市面上哪些产品的需求量大，然后以用户需求为主要决策点，选择那些产品需求数量大、需求人群大的产品。也可以理解为什么东西买的人多就选择什么，一切以市场趋势为主。

2. 把兴趣特长作为前提

微商在选择自己经营的产品时，还应该以自己的兴趣和特长为前提，选自己喜欢、感兴趣的或者是自己有优势的产品去经营。

有兴趣的产品能激发微商的积极性，能使微商更具上进心。例如，一个新手微商本身对皮肤护理、化妆品领域比较有兴趣，那么他（她）在选择自己经营的产品时，就可以从这方面出发，护肤品、面膜、彩妆等都是不错的选择。

而特长则是指本身对某一类产品有一定的了解，或者有这方面相关的人力、物力资源可以利用。例如，如果一个人在选择做微商之前，从事了较长一段时间的服装行业的销售工作，对服装搭配很擅长，是时尚达人或者在服装行业有一定的人脉资源，能有稳定的各种供货渠道，那么他（她）选择自己微商事业中要经营的产品时，就可以考虑服装类。

2.2.3　衡量经营产品本身

微商在选择产品的时候，除了要考虑自身与市场等因素之外，还要对产品本身情况做一个思考。产品自身主要需要考虑以下几个方面。

(1) 产品质量。产品质量的好坏决定了客户对产品的满意度，同时也对微商的口碑有很大影响，选择一款质量上乘的经营产品是每一个微商都应该做到的。

(2) 产品性价比。产品性价比是客户在选择商品时考虑的一个重要因素，性价比的高低会决定客户对产品的整体满意度。如果产品是日常必需品，那么性价比也会对客户的回购率产生一定影响，所以微商要根据自己的经营特点、服务的消费人群等，将产品性价比纳入考虑范围之中。

(3) 产品需求量。产品需求量的高低会决定微商的产品销售量，同时也会影响客户的重复购买率，选择需求量高的产品，对于初期微商创业者来说是比较合适的。

(4) 产品的市场占有率。产品的市场占有率是指微商所经营的产品在市场上数量多不多，客户可得性强不强。如果产品市场占有率高，那就说明微商的市场竞争力比较大，因此微商对产品的质量要严加把关，对客户的服务要做得更好，只有如此才会增加竞争力。如果产品市场占有率低，那么竞争力就低，这也从反面说明产品需求者少，微商就要着重于产品和客户服务的质量提升。

2.2.4 保证产品质量与前景

微商在进行产品选择时，除了要进行上述两个方面的考虑外，还要谨记以下 3 个要点，这样才能找出适合长期经营下去的产品。

1. 不要"三无"产品

微商在选择经营产品的时候一定要注意的一点就是，万万不可售卖"三无"产品。要知道消费者对于这种"三无"产品是非常抵触的，如果微商售卖这种产品，那么他的微商事业也要就此终止了。

而且，售卖"三无"产品是触犯法律的，会受到法律制裁。因此，微商在选择产品时一定要拒绝这类产品。

2. 不要劣质产品

产品口碑的好坏对微商来说是很重要的。劣质产品的客户满意度会非常低，客户体验效果会不好，从而导致客户不会主动向身边的朋友去推荐，最终也达不到产品宣传、口碑提升的目的。因此微商在选择产品的时候，要注重质量把关，确保提供给客户的产品都是优质产品，而不是劣质产品。

3. 不要没有前景的产品

产品的市场前景代表着产品的未来预期销量。市场前景好的产品微商才能持久地经营下去，而市场前景差或者没有市场前景的产品，存在只是短暂的，经过一段时间的经营后，产品销量将会渐渐下滑，甚至无人问津。这时，微商又需要重新选择产品，从头开始经营。

并且有些市场前景不好的产品，在产品刚刚出现在市场之时，潜在的需求者也不会太多。这代表着微商在经营这种产品的时候，可获得的收益是不乐观的，很可能经过长时间的经营，却没有换来多少收益。

2.3 用户定位：搞不清目标用户将举步维艰

客户是微商经营中的主要对象，因此选择好服务对象才是至关重要的。将产品卖给对的人，才是微商正确的销售方法。那要怎样选择产品的服务对象呢？可以分两个阶段来分析：一是定位产品的使用人群；二是定位产品的适用人群。本节将介绍微商如何精准定位目标用户。

2.3.1 用户基础标签定位

当你选择好了自己要经营的产品之后，就要确定你所经营产品的使用人群范围。锁定使用人群，有针对性地销售才能将产品卖出去。那什么样的人群才是产品的使用人群呢？其实就是指会用到这类产品的人。产品的使用人群，微商主要需从两方面去考虑，一是性别，二是需求。

举一个简单的例子，如果你是一个从事高端女性化妆品经营的微商。那么，你首先应该把主要目标群体锁定在女性身上，因为男性是不需要的，如图 2-4 所示。

然后，根据是否对产品有需求筛选出目标群体。因为你销售的是化妆品，那么就可以排除年龄小和年龄大的女性，因为这一部分女性是不需要化妆品的。经过这一筛选把初步的目标客户定为年轻女性群体就可以了，这个群体里包含了年轻女大学生、年轻白领、年轻家庭主妇和大龄妈妈等。

图2-4　高端女性化妆品微商的朋友圈

2.3.2　用户精确范围定位

微商初步确定好产品使用人群后，可以再进一步精确范围，找出经营产品的精准适用人群，然后再针对这些人群去推销自己的产品。产品适用人群也需要从两方面来确定，一是消费能力，二是消费意识。

确定产品适用人群的消费能力，主要是确定目标客户有没有可以购买的能力。依旧使用上一个例子来说明。经过上面步骤的分析，将经营高端女性化妆品微商的目标客户，锁定在年轻女大学生、年轻白领、年轻家庭主妇和大龄妈妈这个范围内。

然后，我们再根据消费能力将年轻女大学生排除。因为是高端化妆品，产品价格自然偏贵，而年轻女大学生多数不具备这种消费能力，而年轻白领、年轻家庭主妇和大龄妈妈因为有自己或者家庭的收入，所以能够消费得起。所以，最后剩下的主要目标客户为年轻白领、年轻家庭主妇、大龄妈妈这一群体。

最后我们再根据客户是否具有消费意识这一点，从上述群体中挑选出那些具有消费意识的，即愿意花钱装扮自己的年轻白领、年轻家庭主妇、大龄妈妈即可。

专家提醒

上述方法，旨在传递给读者选择产品服务对象的具体思路，找出产品主要服务对象范围，具体还是要看实际情况。

2.4 模式定位：选对经营模式才能事半功倍

微商在做好产品选择、自身角色选择之后，接下来要做的，就是选择自己的经营模式。本节将介绍微商的 6 个经营模式，以期帮助微商更加精准地找到最适合自己的经营方式。

2.4.1 个人对个人模式

微商的个人对个人模式也被称为 C2C 模式，是指微商不断积累粉丝数量，然后通过在朋友圈里发布产品信息，或者通过开通个人微店等形式，将自己经营的产品卖出去。个人对个人的微商经营模式具有操作简单、工作内容单一的特征。这种模式的经营方式十分简单，是微商最基础的一种经营模式。

2.4.2 企业对个人模式

微商行业中的企业对个人的模式也被称为 B2C 模式，它主要指的是通过企业公众平台的服务号为客户提供销售服务。这种模式是个人对个人模式的升级，也是微商行业发展的主体趋势。微商的企业对个人的模式，是基于个人对个人的模式建立起来的，因此与客户之间已建立起较深的信任关系。企业对个人模式的优势，主要体现在下述 4 个方面。

第一，商品管控严。

第二，产品质量高。

第三，顾客关系稳。

第四，流量更集中。

2.4.3 线上线下结合模式

微商的线上与线下结合模式也被称为 O2O 模式，是指将线下客户体验，与线上客户消费结合起来的一种微商经营模式。这种微商经营模式，比较适合那些想走服务型或者与实体店相结合的微商。这种模式具有下述 3 个方面的优势。

第一，打破时间、地域限制。

第二，提高客户体验。

第三，增强与客户的联系。

2.4.4 代理模式

微商的代理模式是指微商不直接销售产品，而是借助各种社交平台去招募代理、培训代理，打造一个属于自己的代理团队。这种模式的具有下述几方面的特点。

第一，微商成长速度快。

第二，管理要求高。

第三，收益效果好。

2.4.5　品牌模式

微商的品牌模式，是指微商自己创建品牌或者借助其他企业品牌的一种模式。微商自己建立品牌需要本身具备一定的实力，抓住机会创立自己的品牌。

而借助其他品牌则要微商能够挑选出具有前景的品牌企业，与之建立合作或者品牌代理的关系，借助企业品牌的原有力量去开展微商事业。品牌模式具有下述 3 个方面的优点。

第一，竞争力强。

第二，收益很好。

第三，发展趋势好。

2.4.6　混合模式

微商混合模式是指将两种模式结合起来。例如，你可以将个人对个人模式和 O2O 模式相结合起来，个人微商可以通过开设一个实体店铺，然后借助微信平台同时开设一个微信店铺，让客户在实体店内进行体验，然后去线上消费，这种模式结合了两个模式的特点，能够给客户带来更完美的消费体验。这种混合模式具有下述 3 种优点。

第一，带给客户更完美体验。

第二，加强与客户的互动。

第三，加强客户黏度。

第 3 章

成交：爆单 4 大步，成交才是硬道理

学前提示

能交易成功是每个商人最欣慰的事，因为这意味着自己的付出得到了回报，这对于微商来说，同样也不例外。本章主要介绍微商促成交易所要知道的相关知识与方法，帮助微商收获成功的喜悦。

- 分析用户：成交必先找痛点
- 挖掘需求：让用户先"痛"起来
- 爆单策略：深刻洞察用户内心
- 深度链接：规避误区获得高黏度客源

3.1 分析用户：成交必先找痛点

微商要在朋友圈进行营销推广，软文营销是必不可少的，软文必须要有痛点，如果找不到消费者的消费痛点，那么很遗憾，结果就只会有一个，那就是隔靴搔痒，永远没有办法让消费者冲动起来。

本节将介绍什么是消费者的痛点，以及消费者痛点的挖掘方法，帮助微商提高产品成交的可能性。

3.1.1 消费者痛点是什么

在互联网中有一个叫作痛点的营销术语非常火热，尤其是很多企业都对这个词情有独钟。痛点营销的定义如下所述。

痛点营销是指消费者在体验产品或服务的过程中，原本的期望没有得到满足而产生的心理落差或不满，这种不满最终在消费者心理上形成负面情绪，让消费者感觉到痛，这就是痛点营销。它的实现是消费者心理对产品或服务的期望和现实的产品或服务对比，产生的落差而体现出来的一种"痛"。

痛点的核心是基于对比，所以，给目标消费者制造出一种"鱼与熊掌"不可兼得的感觉，就是痛点营销的关键所在。企业痛点营销的操作方式可分为两个部分。

第一，在企业内部构建兴奋点，刺激消费者的购买欲望，达成企业的营销目的；

第二，在企业外部用竞争对手的产品与自身产品做对比，让消费者产生购买本企业产品的愉悦感，进而刺激消费，达成企业的营销目的。

3.1.2 消费者痛点怎么找

很多企业都面临一个问题，就是如何寻找痛点，其实痛点并没有企业想象中那么难找。企业对于痛点的寻找，有两点必须要注意。

第一，知己知彼，了解自家和竞争对手的产品或服务。

第二，充分解读消费者的心理，懂得消费者所想。

挖掘痛点不可能一蹴而就，这是一个长期的过程，需要不停地观察挖掘细节，痛点往往就在消费者最敏感的细节上。企业挖掘一到两个细节，感同身受地体会自己的需求与冲动点，才能够挖掘到消费者的痛点。

市面上有一款以女生生理期为核心的 APP "大姨吗"，研发人员在研发最初就做到了亲身感受痛点，如图 3-1 所示。

由此可以证明，为了一个好创意，体会消费者的痛点是非常重要的。企业需要认真仔细地把马斯洛原理透彻研究一下，才能使自己完全体会到消费者的痛点。马斯洛原理如图 3-2 所示。

垫着护垫模拟女性生理期

"感同身受"俘虏2000万颗芳心

2012年1月，"大姨吗"一上线，用户从0到20万、200万、2000万，异常火爆。女性用户们亲切地叫柴可为"大姨爹"，而柴可也乐于接受这个称呼。

事实上，市场上并不缺少同类手机应用，作为一个永远不可能体会到"大姨妈"的男人，柴可研制的产品为何征服了2000万女性的芳心？"我从不将'大姨吗'定位为一家基于移动互联网创业的公司，我更愿意将它做成一家健康顾问或服务类公司。"柴可说，"'大姨吗'是凭着内容取胜。"

柴可坦言，做"大姨吗"，最大的问题就是自己是男人，"但男人有劣势也有优势，劣势就是无法感同身受，优势就是能客观地看待'大姨妈'这件事情。"

柴可和他的队友一起，每天上班的8个小时都在研究月经，他们查阅了世界上所有的妇科学、统计学，囊括黄种人、白人、黑人妇女经期的记录。"连上班挤公交时也要看手机上下载的资料，经常有女乘客斜眼看我，认为我'有病'。"柴可回忆起当初的情景时，忍不住笑了。

除了学习医学上的知识，柴可和他的队友每个月也要有那么几天，和女性一样，垫着420型号的护垫。"420是市面上最大最厚的卫生巾型号，我们就是想感同身受女性那几天的痛苦，这样才能研制出好的产品来。"柴可说。

在柴可的团队里，经期研究人员占了绝大多数，其次是医学编辑，最后是市场推广人员。"做产品不能急躁，从上线到2013年一年时间里，我们花在市场营销上的费用只有27万，而花在内容研制制作上却足有400多万。"柴可说。

图 3-1　企业需要切身体会痛点

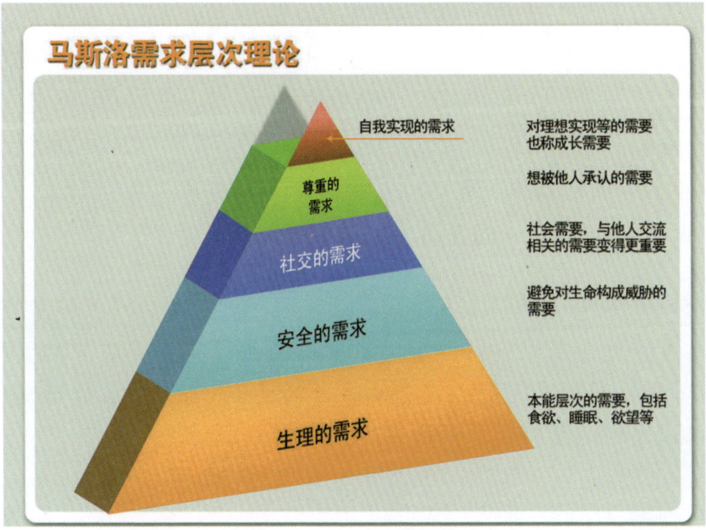

图 3-2　马斯洛原理

3.2　挖掘需求：让用户先"痛"起来

对微商来说，找准客户的痛点后，能够利用这些痛点促成产品成交，才是至关重要的。本节将详细讲解各种技巧，助力微商找准客户需求，快速成交产品。

3.2.1　利用反馈促成消费

对于刚开微店的微商来说，收集客户使用产品后的反馈，是一项十分重要的基础工作。现在的微信公众平台已经成为很多微商用来收集客户反馈的工具，那么如何收集客户的意见反馈呢？微商可以做一个反馈表单来供客户投票及填写意见，即使用一些网络工具，快速便捷地设计出一个表单，并通过微信公众号发布出去，模板如图3-3所示。

图 3-3　微信中的反馈表单

 专家提醒

　　当注册金数据之后，在模板中心选择"收集反馈"模板就能快速地创建模板，然后通过分享得到表单的地址，在微信里就群发给用户，可以快速地收集到用户的反馈。

3.2.2　激发客户成交意向

对于任何一个在微信开店的商家来说，把产品或服务对客户销售出去都是一个不简单的事情，因此激发客户的成交意向非常重要。客户的形成过程有3个，具体如图3-4所示。

众所周知，没有足够的客户资源，微店的生存与发展就无从谈起。任何销售人员都应该明白，在寻找潜在客户方面所作的努力越大，销售成绩将越好。下面分享几个快速寻找潜在客户的技巧。

第一，从销售人员原来的客户资源中寻找客户。

第二，让客户介绍朋友加入，或让同行的朋友介绍客户。

第三，加入相关行业的论坛和 QQ 群。

第四，通过行业、企业名录查找客户。

第五，通过商城或者市场咨询，了解竞争对手的客户。

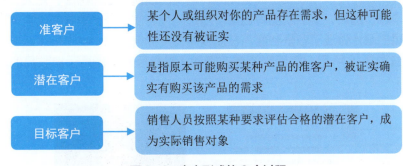

准客户 → 某个人或组织对你的产品存在需求，但这种可能性还没有被证实

潜在客户 → 是指原本可能购买某种产品的准客户，被证实确实有购买该产品的需求

目标客户 → 销售人员按照某种要求评估合格的潜在客户，成为实际销售对象

图 3-4　客户形成的 3 个过程

3.2.3　深度挖掘需求，提升客户购买欲

微商能产生销售主要取决于客户有问题和需求，而一个优秀的产品销售者能够在与客户的沟通中，深度挖掘客户需求，从而提升客户的购买欲。那么，微商要如何提升自己挖掘客户需求的能力呢？主要有下述 3 个方法。

第一，对关键词敏感，即微商在与客户交谈的过程中，要敏锐地把握住关键词，从而推敲出客户话里的中心思想。

第二，把握交流方向，微商需要提前做好准备，在交谈时有目标、有方向地去引导客户关注以及购买产品。

第三，及时调整话题，微商在交谈过程中，要多留意客户的兴趣点，及时将交谈调整到客户感兴趣的话题上。

3.3　爆单策略：深刻洞察用户内心

在微商们的营销活动中，有些微商会通过明星效应来带动产品的销量，有些微商会结合时下的热点话题来进行产品的营销活动，这些都属于微商的营销策略。下面向读者详细介绍 6 种常见的微商营销技巧。

3.3.1　增强品牌吸引力的明星效应

聪明的微商老板会选择邀请一些知名艺人、明星来代言微商产品和品牌，这种做法能够帮助他们收获丰厚的利润。明星效应已经对我们的生活产生了重大影响，电视里明星代言的广告对企业会产生潜移默化的作用，如提高企业的美誉度、提升产品的销量以及提高品牌知名度等。

对于资金比较雄厚的微商企业，可以考虑邀请一些当红的明星、艺人来为自己的微商品牌代言，在朋友圈中发布产品营销信息时，可以附带一些明星使用产品的照片，以增强品牌吸引力。

一般来说，投资与收获是成正比的，越肯出钱请当红的明星、艺人，获得的回报越丰厚。例如，某护肤品牌邀请了当红电视剧演员做了美肤的代言，这位微商将明星的照片做成了背景封面，在朋友圈发产品信息时，也附带了明星的广告照片，如图3-5所示，使用明星效应带动了粉丝经济，提高了护肤品的营业额与利润。

图3-5　明星代言的肤护品品牌

下面为大家简单介绍一下明星效应的3个作用。

- 一个水平很高的明星，往往能够带动整个品牌的格调，在现在人们文化水平越来越高的社会，购买者对"格调"这个词是非常看重的。
- 除了普通群众以外，该明星的粉丝绝对会买产品的账。他们不仅自己会来购买产品，还会拉动身边的人一起来购买产品。一传十、十传百，慢慢地，来购买产品的粉丝和顾客就会越来越多。
- 明星身上本身的光环也能够影响到微商的品牌，顶着"某某产品"代言人的头衔能够帮助此品牌提高知名度。

所以，微商们如果在资金比较雄厚的情况下，可以通过明星效应的方式带动消费人群，这种方式特别容易引起粉丝们的强烈关注。

3.3.2　让顾客产生紧张感的饥饿营销

中国有句古话叫作"物以稀为贵"，就是越紧缺的资源价值越大。很多时候，某项资源比较丰富时，我们对它的需求感相对比较弱；与此相反，资源稀缺时我们就更想得到它，正是这种稀缺性，激发了人们想要拥有的欲望。

这种方式同样可以应用于朋友圈的微商行业，微商们可以把这种心理用在产品的营销活动当中。营造某种产品供不应求的氛围，会让消费者对这种产品产生好奇心理，并且想尝试购买一探究竟。那么微商们该如何制造产品的稀缺性呢？我们可以从两方面入手：一是限制产品售卖的数量；二是限制产品的优惠时间。下面就从这两个方面展开论述。

1. 限制数量

数字是相对来说比较抽象的概念，很多时候，如果没有别人的提醒，我们对数字的敏感度可能并不高。

所以，在微商营销活动中也必须注意这一点，微商们可以通过微信朋友圈的方式，随时去提醒顾客们限量商品数量的多少，营造一种紧张感，让顾客们觉得"如果再不抓紧时间，好东西就白白溜走了"诸如此类的感受，这样也同时能给顾客制造一定的稀缺感和压迫感，会在一定程度上提升销售的数量。

以化妆品为例，圣罗兰的口红有时会出限量版，而且价格也相对来说比较高，但是每一次圣罗兰的口红只要进入市场绝对是供不应求，每个女人都希望自己能够拥有这样一支限量版的口红，能脱颖而出，有与众不同的颜色。

以下这位微商通过在朋友圈制造出产品的限量氛围和热卖气氛让顾客产生紧张感，从而提升了产品的销量，如图 3-6 所示。

图 3-6　微商制造出产品的限量氛围

经济生活水平的不断提高，使人们开始追求个性与时尚，每个人都希望自己是独一无二的，那么限量购买的商品往往能够成为"独树一帜"的物质代表。

微商们应该利用人们的这种心理来进行营销活动。将自己品牌中的某种商品定为"限量版"，标明发售时间先到先得，商品的销售量一定会大大提高。但必须要注意的是，这一方法更适用于相对来说较为高端、高品质、高口碑的商品。

2. 限时抢购

限时抢购又称闪购，源于法国网站 Vente Privée，最早的闪购模式是以互联网作为依托的，商家通过 B2C 的模式，做一些限时特卖的促销活动，或是定期推出一些新品来吸引消费者购买。

一般来说，开放"限时抢购"活动的时间点，都是在市场相对来说比较疲软的时候。这段时间可能由于市场货品饱和，所以导致销售额并不那么乐观。为了刺激消费，微商们可以开展"限时抢购"活动。在朋友圈发布"限时抢购"的活动信息时，可以配上相应的活动海报，刺激消费者的眼球，获得紧张的效果，如图 3-7 所示。

图 3-7　朋友圈限时抢购的图片海报

如图 3-8 所示，为限时抢购的朋友圈软文广告。

图 3-8　微信朋友圈中限时抢购的广告

无论如何，"价格"都是消费者在购买商品时考虑的最基本因素。所以任何时候，"低价"对消费者都有着致命的吸引力。这就意味着，"限时低价"一定能够起到拉动销量、刺激购买的作用。

可是必须注意，很多微商在"限时抢购"的活动中以失败而告终，究其原因，主要还是商家没有告诉消费者为什么有优惠。不存在没有原因的优惠，莫名其妙地降价，而且优惠的力度又如此之大，是不是商品本身有什么问题呢？过期了抑或是产品不合格？消费者恐怕会这么去想。一来二去，不仅最后优惠活动没有处理得当，甚至都会影响到整个产品的声誉。

在进行"限时抢购"的过程中，必须将优惠原因告诉客户，是为了感谢老客户的支持呢？抑或是针对某个节日等原因来开展这一活动呢？又或者是别的原因呢？毕竟限时优惠的力度还是非常大的，如果只是一味地降价，可能还是会引起消费者对商品本身的怀疑。所以，事前告知原因也同样可以拉升销售量。

专家提醒

在微信朋友圈的优惠活动营销中，限时优惠对用户来说有着强烈的吸引力，微商们要营造一种"优惠不是时时有"的氛围，让用户抓紧时间购买。

3.3.3 利用羊群效应带动产品销量

热销氛围可以让消费者产生从众心理，形成羊群效应。羊是群居动物，它们平时习惯随大流，并且是盲目地跟随大流。只要羊群中有任何一只羊开始往前冲，这时所有的羊都会和它一起往同一个方向冲，浑然不顾它们所朝向的方向有没有危险或是有没有食物。当"羊群效应"用于心理学中来描述人类本能反应时，其实也就是我们平时所说的"从众心理"。

人们常常随大流而动，哪怕跟自己意见可能全然相反，也会选择否定自己的意见跟随大众的方向，甚至是放弃主观思考的能力。比如，我们出去吃饭的时候，如果要临时寻找饭店，一般人肯定会选择一家店里人比较多的餐馆，"生意惨淡"在我们眼中就是"菜不好吃"，"有人排队"则意味着"饭菜可口"。这样判断的结果正确与否并不能完全断定，可是跟随众人，正确率通常可以大大提高。所以说，羊群效应并不是完全没有道理的，大众的经验大部分时候还是可以作为参考的。

微商们如果有自己的实体店，就可以在实体店中拍摄产品热销的情景照片，然后在朋友圈中发布这些热销的照片，让产品产生热卖的效应，充分利用消费者的从众心理，引起消费者的兴趣，如图 3-9 所示。

图 3-9 让产品产生热卖的氛围

专家提醒

　　微商们在售卖某种商品时，也应该时常向朋友圈中的各位好友透露一下已售卖数量，给顾客们营造一种商品在被疯狂购买的情境。当然这种数量如果能够完全精准到个位会更加让人觉得可信，比如在朋友圈中宣传时附上这样一个句子："商品上架刚刚8个小时，就已经抢购了56321件！"这种语言可能会激起顾客购买的潜意识，也同样去疯狂抢购这件商品。

3.3.4　通过产品对比获得顾客信任

　　人们常说"竞争对手不仅仅是敌人，还是自己最重要的老师"，所以微商们往往通过引入外界的竞争者，以激活内部的活力，并从竞争对手那里获得灵感，这也是微商营销的技巧之一。那么，微商应该怎么做呢？笔者为大家介绍两种方法：第一，了解对手，所谓"知己知彼，百战不殆"，随时了解对手商品的动态，结合自身产品，作出相应调整；第二，对比产品，微商们可以将同行业产品与自己的产品放在一起，进行对比，无形中推荐自己的产品。

　　如图3-10所示的微商，就通过将别人家的睡衣套件与自己家的进行对比，突出自家高端的产品质量，从而吸引朋友圈的顾客进行购买。

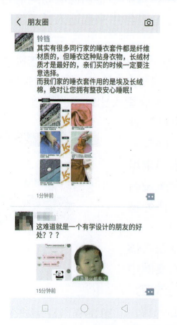

图3-10　通过对比产品进行营销

3.3.5 塑造好商品价值赢得顾客青睐

在营销过程中，微商们必须意识到，我们所销售的，看似是商品这个实体，实则售卖的是产品本身所具有的价值。所以，在向顾客推销某些商品的时候，微商们应该仔细去询问用户本身的情况，选择一个正确的切入点来推销自己的商品。

举一个例子，一家人去家具市场购买窗帘，一位销售人员给他们介绍各种规格、图案、材质的窗帘，虽然对商品有了一个最基本的认知，但顾客并没有对商品有很清晰、很深入的认识，所以没有购买。

这时，来了另一个推销人员，他没有着急地推销产品，反而和购买者聊了起来，问：窗帘买了是给谁用？所安装的房间窗户朝向哪个方向？使用者喜欢哪一种颜色？整个房间的布置是什么风格等一些问题。在聊天过程中，这位销售人员大致摸准了这家人的品位与需求，于是给他们介绍了一款产品，大致能够满足他们的所有要求，又拿自己做例子，介绍自家的装修风格和这家购买者的风格十分相似，他自己选择的这款窗帘十分搭调，还拿出手机来给对方家庭看自家窗帘安装后的效果。最后，这个家庭选择了这款窗帘。

从上面的例子中可以看出，窗帘本身是商品，那么多的类型为什么顾客独独选了其中的某一种呢？就是因为被选中的商品背后，所体现的价值吻合顾客需求。那么，我们应该从哪些方面抓住顾客的心理活动，为商品打造价值呢？下面向读者分别讲解。

1. 效率高低

在现如今这种讲究效率的社会，能够快速见效的东西，往往更加受到用户的喜爱。时间就是金钱，所有人都希望可以在最短的时间内，收到最大化的回报。

比如说培训机构，要是能够打出类似"一个月掌握新概念英语""20 节课雅思上 6.5 分"之类的广告，肯定会更受家长们的青睐。又比如减肥产品，能够越快瘦下来的肯定越受用户注目。所以，如果想要让顾客购买商品，一定要将商品的高效率功能体现出来，体现商品在效率上的价值。

2. 难易程度

这一点很好理解，越容易上手的产品自然越受欢迎，特别是高科技产品。由于它自身的高端性导致这些商品功能更便捷。就拿手机举例，现在智能手机已经深入人们的生活，大家再去使用带键盘的手机或许就不太习惯。这个时候，越方便的智能手机自然会让人更加倾心。

比如苹果手机，自带智能机器人 siri，用户可以通过和机器人的交谈来实现一些程序的操作，如图 3-11 所示。

图 3-11　智能机器人 siri 的界面

那么销售人员在推销产品的过程中，就一定要突出产品容易操作、容易上手的优点，以此来体现产品本身的价值，让顾客侧目。

3. 安全性能

安全对于商品，特别是电子商品来说，是一个非常基本的评价标准。安全是基础，也是最重要的部分。换句话来说，这就要求商家所售卖的商品不能对购买者造成任何伤害。相反，如果商家可以保证产品对人体不会造成任何伤害，那么商品的成交率就会大大提高。

拿减肥药举例子。如果商家在向顾客推销时仔细介绍药品成分，并且向他们展示所有原料全部是来源于无毒的食品和中草药成分，对身体方面的副作用很少，且是经国家药监局批准的药品，自然可以吸引别人来购买，如图 3-12 所示。

图 3-12　减肥药的广告

所以，商户们在一对一介绍商品或是在朋友圈发送商品软文广告时，都应该尽量从以上 3 个方面出发，厘清商品价值的思路，这样一定会给商品的推销带来好处，不断提高商品的销售量。

3.3.6　赠送产品让顾客无法抵挡

通过赠送产品进行促销是最有效、最广泛的营销手段之一。人们往往抵挡不住赠品的优惠而产生消费行为。赠品促销的好处有很多，主要体现在 4 个方面：第一，增强促销力度、宣传品牌优势、刺激消费；第二，吸引消费者的注意力、刺激顾客提升消费档次；第三，鼓励顾客重复消费，或者增加消费的额度；第四，对抗、抵御其他品牌的促销攻势。

商户们应该从生活中去感受营销，相信大部分人都很乐意接受各种各样的礼物。一来可以感受到赠送礼物的人对自己的感情，二来免费得到东西认为自己赚了并且是充满惊喜感的得到，总是让人欲罢不能。

让我们把这种情绪运用在营销上，在对方购买商品时，选择去赠送一些礼物，那么客户是不是同样也有生活中收到礼物的喜悦感？来看一个例子。一般女士去逛护肤品店并且购买商品时，商家都会选择赠送一些"护肤小样"给客户。这些护肤小样一般分量并不大，能用 2~3 天，平时短期出门可以当作旅行装。可正是因为有这些护肤小样的存在，客户们才会觉得自己买的东西很值，很有惊喜感，如图 3-13 所示。

图 3-13　有赠品的营销技巧

但实际上正如我们所知，这种"值"的感觉只是一种错觉，而正是这种错觉，往往会刺激客户们想要购买更多商品的欲望。有时对方可能不需要买某件商品，可是当商家告诉他，买某件东西就能赠送另一件东西时，客户往往会心动，哪怕他可能根本不缺也不需要这种东西。如图 3-14 所示，为一个卖护肤品的微商，打出了"买一送一"的广告，这种营销手段是极具诱惑力的。

图 3-14　"买一送一"的广告

3.4　深度链接：规避误区获得高黏度客源

新手微商在进行交易的过程中难免会陷入误区，导致交易不成功，并流失一些客户，本节主要介绍微商促成交易要避免的误区与方法，以帮助微商增加交易的成功率。

3.4.1　阻碍朋友圈交易的 10 个因素

当微商清楚有哪些是让商品成功交易的因素之后，还需要了解有哪些因素会导致交易无法成功。微商找出这些阻止交易成功的坏因素，然后在经营过程中避免这些因素的发生，就可以从一个方面增加微商交易成功的概率。

经过笔者分析总结之后，发现有以下 10 个因素会导致交易不成功，下面对这 10 个因素进行详细阐述。

1. 缺乏信任

其实，很大一部分人对于在朋友圈出售的产品是缺乏信任感的，因此不会去购买这些产品。这些不购买朋友圈产品的人，他们之所以产生不信任感有两个方面的原因。

(1) 对微商本人缺乏信任。有的微商经常会在朋友圈发布一些过分夸张的销售成绩，例如一天成功交易几十万金额的流水账截图，交易金额的数字缺乏合理性。第一次看到时，客户可能会觉得你很了不起、很不可思议，但是次数过多之后就会对你发的截图产生怀疑，毕竟如果每天的成交额都这么高，就会显得有作假的成分。渐渐地，客户就会对微商产生不信任感，从而不会去购买微商经营的产品。

(2) 对微商产品缺乏信任。很多人不愿意在朋友圈购买产品，有一种原因是对朋友圈所卖的产品不信任。随着微商的发展，很多品牌微商诞生，他们自主创建了很多产品品牌。因此，朋友圈里出现的产品种类越来越多，品牌也越来越多。但你会发现微商卖的产品，很多都是之前从来就没有听过、见过的产品。一部分客户出于品牌的原因，会不信任这些之前自己都不曾听过的产品，从而不会去购买，即使这些产品确实效果好、质量高。

2. 反感

随着微商的发展，在经历过微商大规模刷屏发广告的阶段之后，一部分人对于朋友圈的微商已经产生了一定的反感情绪。

有很多微商在经营方面还属于新手期，对于营销之道根本不了解。他们每天做的事情主要就是到处加人、吸粉、在朋友圈疯狂刷屏。渐渐地，这种行为成为朋友圈里最不受欢迎的行为。对微商这种行为的反感逐渐扩大，就会发展成为对微商本人甚至整个微商行业的反感。

3. 价格不满意

其主要是指客户对产品的价格不满意，这种不满意主要体现在两个方面。

(1) 花更多钱购买到同一款产品。微商行业中很大一部分人都是做产品代理的，不同等级的代理制度，会使同一款产品出现几种不同的价格，这种价格差异会使消费者产生负面情绪。因为大部分人都不愿意比别人花更多的价格购买同一款产品，这会让消费者产生被欺骗的感觉。

(2) 产品本身价格过高。很多微商在选择产品的时候，为了确保产品能长期经营下去，而选择那些质量高的产品，通常质量高的产品价格也会比较高。有些客户在看到这种高质量的产品时，会对它的价格产生不满。这种不满在遇到对比之后会被放大，从而催生出更多的对价格不满意的情绪。

4. 效果不满意

朋友圈中存在这样一种微商，他在经营产品的时候，可能自己对产品质量都不清楚，却一味地去夸大产品的效果，导致购买产品的客户对产品效果抱有过高的期望。而客户在使用产品之后，发现效果并不如预期的理想，从而会产生一种心理上的质量反差比，这种反差会导致客户不会进行第二次购买，甚至将这种不满传播给身边人，进一步阻碍交易的发生。

5. 质量问题

朋友圈里存在各种各样的微商，存在各种各样的产品，因此产品质量也会存在良莠不齐的现象。产品的质量问题会在很大程度上影响产品的成交率，毕竟每个客户在购买产品时，都希望能够买到没有质量问题的产品。

6. 交易没保障

虽说朋友圈是建立在信任的基础上，但是不排除会有一些不法分子利用微商行业中的漏洞去欺骗客户。

大部分微商的营销采用的都是先付款后发货的方式，而且都是采用直接在微信中发红包付款的形式。这种付款方式就会让客户产生一定担忧，他们担心自己付款后，卖家不发货。这种担心也会在很大程度上阻碍朋友圈交易的成功。

7. 卖家缺乏专业知识

朋友圈的微商，有很多都是首次创业，他们有的也是首次接触到自己经营的产品，可能甚至都没有见过、使用过自己经营的产品，因此他们对产品的了解并不多。就拿护肤品微商来说，有些天天在朋友圈里发自己的产品多么好、多么有用的微商，在客户问他产品细节时却回答的支支吾吾，不能说出产品的优势以及使用后能给客户的皮肤带来怎样的改善，也不会针对客户的肤质去推荐产品，等等。

微商这些不专业的表现，会让客户产生退却心理以及不信任的心理，从而阻碍产品交易的达成。

8. 后续服务差

微商行业的发展机制还存在很多不完善的地方，因此服务也存在一定的缺陷。在众多微商中，他们为客户提供的后续服务对客户来说并没有保障。

很多微商在客户购买产品之后认为整个交易过程就结束了，当客户来反馈时，会有不耐烦的心理，选择草草应对客户，更甚者，有的微商根本没有售后服务。这种后续服务差或者没有后续服务的态度，也是阻碍朋友圈交易的一个重要因素。

9. 定位不明

定位不明主要指的是微商在选择产品、个人角色以及服务对象时没有经过认真、慎重的思考，以致在后续的经营过程中出现混乱、没有目标的情况。这种不明确会使微商在朋友圈宣传产品时，受众精准度低，从而影响交易的达成。

10. 销售意识弱

相信很多微商都有这样的现象，就是当有客户看了你发在朋友圈的产品信息来向你咨询，咨询完说要考虑一下，你就让他去考虑了，后面客户就没有音讯了。其实这就是微商销售意识弱的一种表现。交易成交最容易达成的时间，就是在客户向你咨询的这段时间，只要把握好这段时间，交易成功率就会很高。

很多客户在考虑完之后，慢慢的自己就淡忘了这件事情，而微商如果不在当场就问清楚客户要考虑的原因是什么并及时解答，那就错失了这次成交的机会。所以，微商的销售意识弱也是阻碍交易成功的一个最关键的因素。

3.4.2　2个方法提高客户黏度

在分析了微商阻碍交易的问题之后，相信大家都有了一定的促成交易的理论知识，接下来将介绍2种微商促成交易的实用方法，让客户能够黏住你。

1. 产品定制

微商要想吸引客户，可以通过给客户提供定制的产品来吸引住他们。微商在进行产品定制时需要做好产品定制流程规划，这样才能确保整个流程进行时不出错。

在此，笔者以服装微商为例，介绍一下服装定制的流程，如图3-15所示。

图3-15　服装微商产品定制流程

微商进行产品定制活动可以调动客户的参与积极性，让他们根据自己的需求来定制自己想要的服装，让他们更加期待商品的到来。

专家提醒

定制产品是微商吸引客户的一个绝佳办法。同时微商在定制产品时还可以给每件产品指定一个序号或者标签，这样能更加确保每个客户的产品都是独一无二的。

2. 产品促销

微商想要吸引客户，达成交易，可以进行产品促销。促销能在短时间内快速实现与客户的交易。微商在进行产品促销前，首先需要清楚促销的原则，这样才能将促销活动开展得更好。促销的原则有 4 条。

(1) 促销原因。微商要想好进行促销的原因是什么，有促销原因才能激发客户参与的兴趣。

(2) 促销规则。详细告诉客户促销的规则，让客户了解促销的内容。

(3) 促销时间。微商要确定好促销开始、结束的时间，准时开始、结束。这样才能让客户相信这次促销是真正有实惠，而不只是一个吸引客户的借口。

(4) 参与资格。确定好活动参与人员需要具备的资格，不能使每个人都能参与，不然就会使促销显得没有吸引力。

当微商清楚了促销的原则之后就需要选择好促销的产品。可以选择以下 3 个类型的促销产品。

第一，产品受欢迎，有大批消费者。

第二，产品质量过硬、性价比高。

第三，微商主打产品。

如果微商想要快速有效地达成与客户的交易活动，那么可以选择以下几种方法进行促销。

(1) 阶梯法。阶梯法促销是指微商将商品价格按照天数的退后提升。例如，促销的第一天按商品原价的 6 折出售，原价 100 元的产品第一天卖 60 元，第二天卖 70 元、第三天卖 80 元、第四天卖 90 元、第五天恢复原价 100 元。

(2) 积分法。积分法促销是目前较为流行的维持客户的方式，利用购物赠送积分的方式，可以吸引不少回头客。

(3) 一元法。一元法促销，就是在活动期间微商给顾客提供一款平时几十上百元的指定产品，能以一元的价格买到。这种方法看着会亏，实则可以带动店内其他产品的销量，进而实现微商促销的盈利。

3.4.3 提供多样便捷的付款方式

客户完成支付之后，微商的所有阶段的付出才是有收获的。要想让客户放心地掏钱包，微商需要为客户提供一个优质的支付条件。下面主要介绍为客户提供优质的支付条件需要做到的几点。

1. 提供可靠的付款环境

要想让客户愉快地付款，微商给客户提供一个安全可靠的付款环境，是很有必要的。微商给客户提供可靠的付款环境可以打消客户的顾虑，客户的顾虑主要表现在两方面：第一，担心付款过程中出现问题；第二，担心付款后微商不发货。

微商要解决客户担心付款后不发货的问题，可以选择有担保的交易平台进行付款，打消客户的顾虑。例如，微商可以开一个微信店，让客户去微店交易。

微商要解决客户担心付款过程不安全的问题，可以选择让客户通过第三方平台去支付，提高客户支付环境的安全性。

2. 提供多样的付款方式

随着时代的发展，微商行业付款的方式也越来越多。微商可以给客户提供的支付方法主要有以下几种。

(1) 微信支付。微商客户可以选择微信支付，微信支付是微信与第三方支付平台财付通联合推出的付款方式，目的是为广大用户提供优质的付款体验。

(2) 支付宝付款。客户还可以选择支付宝付款，支付宝付款已然成为当今时代流行的付款方式之一。现下大部分支付活动能够使用支付宝快捷支付。

(3) 红包付款。当客户在购买完商品后，也可以选择通过红包付款。红包付款能给微商与客户之间营造一种融洽、轻松的氛围，从而增进两者之间的信任感。

(4) 面对面付款。如果是同城交易，微商还可以给客户提供面对面付款的方式。当微商把产品派送给客户的时候，客户可以通过面对面的方式，将货款付给微商。

3. 提供便捷的付款过程

微商在为客户提供优质的支付体验时，还应该考虑到付款过程的便捷。便捷的付款过程是指客户能够以一种最简单的方式，将货款付给微商，在付款期间不需要耗费过多的时间。

因为付款所耗费的时间过长会让客户感觉担忧、着急，进而客户会为了避免麻烦而产生放弃付款的念头，因此，便捷的付款过程也是微商让客户拥有优质支付体验所需要考虑到的因素之一。

第4章

朋友圈：年薪百万的微商吸金操作技巧

学前提示

在移动互联网环境下，新型社交工具——微信进入了商家的视野，营销走进了朋友圈这一信任圈层，并不断地通过各种渠道拓展目标好友，引导人流，促进成交。本章主要介绍微商利用朋友圈进行营销的方法和技巧。

- 财富入门：朋友圈是产品营销的绝佳阵地
- 3大秘诀：设计朋友圈"门店"
- 朋友圈营销：呈现精彩营销内容

4.1　财富入门：朋友圈是产品营销的绝佳阵地

微信火爆来袭，已成为微商、"网红"、自明星营销与宣传的主流平台，朋友圈则成为宣传产品的有力渠道，通过熟人圈子来销售产品，有很高的真实性，朋友圈已成为产品营销的绝佳阵地。本节主要介绍朋友圈给微商、自明星、"网红"带来的巨大价值与影响。

4.1.1　朋友圈是微商的营销战场

2013 年微商借由微信朋友圈强势来袭，以迅雷不及掩耳之势闯进人们的日常生活，成为人们当时讨论话题榜的常客。到 2017 年年底，据某网站统计，加入微商行业的人数已达 5000 万，这个数据是非常庞大的。那么，是什么吸引他们加入微商行业的呢？下面进行具体介绍。

1. 成本低、利润高

微商创业的成本很低。与实体门店相比，微商不需要租赁门店、不需要装修店铺、不需要大量进货、不需要支付租金、不需要人力成本等，节省了上万甚至几十万元的创业起步资金。因为创业门槛低、风险小，投入的成本少，利润和收入很高，所以微商很受创业者的青睐。

大学毕业的小林，经过十年的奋斗和积累，积蓄了 20 万元的存款，准备开一间生活超市，首先需要花十几万元去租一间门店，包括门店转让费，然后需要花几万元去装修店铺，进货、囤货也需要一大笔钱，还要招聘收银员和营业员，这么算下来，存款所剩无几，门店开了能不能赚钱、回本，这还要另算。

而小林的一个同学，一直在做微商，做的是美肤产品，听她说做微商成本低、风险小，创业不需要租门店、不需要装修费、不需要囤货、不需要请员工打理，在家就可以当老板，轻松月入上万元，因为她做的是美肤产品的代理商，如图 4-1 所示，只需要每天在朋友圈刷刷产品、介绍产品、做做营销活动即可，顾客微信或微店下订单后，直接从厂家拿货，再发货给顾客，省去了中间很多的管理、运营等费用。这就是算比较成功的微商案例了。

2. 赚钱快、新趋势

现在的年轻人大多比较宅，不喜欢逛街购物，基本都是通过互联网电商购买需要的物资和生活用品，实体店的生意已经被互联网电商吞没了大部分，有时候一个微店一个月的营业额是实体店的 3 ～ 4 倍。在互联网时代，只要你的产品质量够好、性价比够高、售后服务好，就很容易打造店铺爆款，互联网创业靠口碑营销，产品评论是关键。

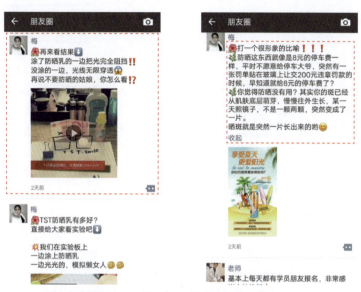

图 4-1　微商在朋友圈发产品做营销

图 4-2 所示为某微店上架的水果产品，网友评论也是相当好，创造了好的口碑。

图 4-2　某微店上架的水果产品

3. 不需要坐班，自由度高

作为微商，并不需要全职在家里做，你可以有一份全职的其他事业或工作，只把微商当兼职，每天在朋友圈发发产品、动态，管理订单即可。微商也不需要坐班，有事的时候就与顾客沟通产品，做做宣传；没事的时候可以出去散散步、带带小孩、陪陪家人朋友，时间上自由度非常高，基本上是移动办公。

4. 可以轻松创建微商团队

传统的购物方式是通过实体店与顾客一对一地交流，而微商可以通过朋友圈轻松实现一对多的交流，省时省力，效率极高。而且通过移动互联网平台，只要你给的货源性价比高、利润大，很多闲在家里的宝妈们就会出来做微商代理，几万、几十万甚至几百万的人通过互联网帮你卖产品，这样的出货量是非常大的，很轻松地就能组织几千万人的微商创业团队，创建自己的微商品牌。与实体公司相比，微商团队的管理更轻松、更高效、更省力。

4.1.2 朋友圈是自明星的会客厅

在粉丝经济时代，粉丝即人气，粉丝即市场，粉丝即价值，广告合作商邀请明星代言也必须考虑粉丝数量这一项指标，这说明不论做公众人物还是做自明星，粉丝才是运营中的核心关键。而微信是一个装载粉丝的运营平台，自明星们可以在朋友圈发表各种动态，让粉丝们知道自明星的生活动向，还可以通过朋友圈的评论功能维护好与粉丝之间的关系。所以，微信朋友圈也成为自明星的会客厅。

在微信朋友圈中，自明星可以在朋友圈发布自己的日常动态，吸引粉丝的关注，活跃人气。如图 4-3 所示，为某"网红"在朋友圈发布的照片动态。

图 4-3　某"网红"在朋友圈发布的照片动态

我身边有这样一个朋友，她在做自明星之前，是做美容行业的，开了一家美容店，生意并不是特别好。后来，她在自媒体平台做了几期视频直播，凭借其高颜值吸引了大批粉丝，知名度一下就提升了。现在她有好几个微信，朋友圈总计人数好几万，还发展了好几家加盟分店。因为她经常在微信中发表各种关于美容的门店信息和产品信息，如图 4-4 所示，得到了许多粉丝的信任，这就是自明星的影响力。

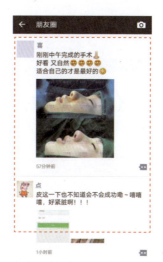

图 4-4　发表各种关于美容的门店信息和产品信息

4.1.3　朋友圈是 IP 品牌的入口

随着移动互联网时代的到来，IP 开始进入人们视野，并且"越炒越热"逐渐广为人知。IP 这一概念从开始产生到广为人知，似乎如雨后春笋般，生长的不知不觉，却又奇快无比。因为微信朋友圈中以熟人、粉丝居多，方便对品牌的建立产生信任感，获得信任度就会有粉丝支持，对 IP 品牌的建立有很大的帮助。

IP 在狭义上，是知识产权 (Intellectual Propert) 的英文简写，意指"权利人对其创造的智力劳动成果所享有的财产权利"。各种发明创造、艺术创作，乃至在商业中使用的名称、外观设计，都可被认为是权利人所拥有的知识产权。

早在 1976 年世界知识产权局成立后，国外便已经广泛使用 IP 这一概念了，国内环境的 IP 概念，却是在 2013 年后才渐渐进入人们的视野。国内 IP 的发展是以网络文学为起点开始的，其后衍生到影视、漫画、游戏、音乐等各个行业，发展到现在甚至开始衍生到"人"身上了，形成了个人 IP 品牌。

例如，罗振宇是罗辑思维 IP 的创始人，他有多重身份：脱口秀主持人、自媒体人、卖书商家等，在内容创业的风口中，他通过互联网内容树立起个人品牌 IP，吸引一批粉丝最终得以变现。

罗辑思维通常是售卖独家版的书籍，同时还卖一些年货、茶叶、礼盒等商品，价格比较适中。2016 年 1 月 12 日，罗振宇在"2016 天猫全球商家大会"中以卖家的身份出现，并创下了 10 天 100 万元的超高销量。如图 4-5 所示，为罗辑思维天猫旗舰店，销售产品包括经管商业、人文社科、艺术文学、通话绘本等类型的书籍。

图 4-5　罗辑思维天猫旗舰店

同时，罗辑思维还在微信公众平台采用电商模式进行变现，如图 4-6 所示。将优酷的关注量换为粉丝，罗辑思维选择了微信这个社交平台，借此与粉丝之间形成一种交互关系，并通过微店将视频内容积累的影响力变现。

图 4-6　罗辑思维的微信公众平台与微店页面

4.2 3大秘诀：设计朋友圈"门店"

在朋友圈中，背景墙是绝佳的商品展示位，它显示在朋友圈个人主页的最顶端，也是在最显眼的位置。我们通过设置朋友圈的封面背景墙和地址信息，可以对产品进行无声的宣传。另外，在发文的评论区通过信息评论功能，可以让关键的营销内容一目了然。本节主要介绍设计朋友圈"门店"的操作方法。

4.2.1 朋友圈背景墙，品牌形象最好的展示位

从位置展示的出场顺序，说头像是微信的第一广告位不假，但如果从效果展示的充分度而言，背景墙图片的广告位价值更大。大在哪？大在尺寸，可以放大图和更多的文字内容，更全面充分地展示个性、特色、产品等，完美布局。

微信的背景墙照片，其实是头像上面的背景封面，下面大家看看做得比较好的微商的效果案例，如图4-7所示。

图4-7 制作精美的主题照片示意图

微信的这张背景墙照片，尺寸比例为480×300左右，因此大家可以通过"图片+文字"的方式，尽可能地将自己的产品、特色、成就等，完美布局，充分展示出来。

专家提醒

大家可以自己用制图软件去做。也可以去淘宝网搜索"微信朋友圈封面"，有专门做广告的人，可以为大家量身定制主题广告照片。

4.2.2　地址信息，朋友圈中第二广告位

在发朋友圈时有一个特别的功能叫作"所在位置"，可以利用这个功能定位你的地理位置。更特别的是，通过这个功能，可以给朋友圈营销带来更多的突破点，如果利用得当，甚至可以说是给朋友圈营销又免费开了一个广告位。

如图4-8所示，这两条朋友圈下方的文字就是利用了"所在位置"这一功能，给品牌又打了一次广告。这两位微商将所在地址和广告信息叠加起来，向手机那头的消费者介绍自己正在经营的品牌或业务等。

图4-8　利用朋友圈"所在位置"功能的微商

专家提醒

一个真正成功的朋友圈商家，应该能够合理利用每一个小细节来进行营销，这个小细节的难度并不高，仅仅是利用微信中自定义位置的功能，就能够成功设置。

4.2.3　信息评论，让折叠的广告信息全部显示

微商们在发朋友圈进行营销时，如果广告文本超过140字，则文字可能会被折叠起来。在这个时候，客户很少会点进原文里仔细阅读。所以微商们应该想办法让自己所写的内容，能够完完整整被大家看到。

将文本的重要信息截选出来，放在评论里是一个十分明智的做法，因为微信评论是不会被隐藏起来的。当然，有一些商家嫌提炼重点太麻烦，也会选择直接

将文本复制至评论处。在评论处复制微商广告信息的效果如图 4-9 所示。

图 4-9　评论处复制营销信息效果图

在图 4-9 的两张图中，这两位微商都在朋友圈发了一条关于产品业务类的信息。可由于字数太多，这条朋友圈信息并没有显示完整，其他内容如果不展开的话，都不能被意向客户读到。随后他自己可能也意识到了这个问题，于是将一开始写好了的文本重新"复制粘贴"在评论区中。

专家提醒

除了原本的文本信息，如果微商在广告之后还有需要补充的信息，也可以直接写在评论处，这样，点赞或评论过那条朋友圈的所有人都能看到所发的有效信息。

4.3　朋友圈营销：呈现精彩营销内容

在微商们的营销活动中，内容营销是必不可少的一环，文字的力量同样不可忽视，那么微商们该如何在朋友圈发文，才能获得完美的营销效果呢？本节主要阐述这个问题。

4.3.1　找准方向：图文结合是成功的关键

文案营销算是在网络营销中不可或缺的一种营销方式，所以许多行业都很重视软文的写作，朋友圈中的微商也需要掌握好微商文案的写作技巧，用情感去打动你的顾客，从而产生共鸣感，提高产品的销量。

一般发朋友圈有 3 种方式，一种是发纯文字，一种是发送图文并茂的内容，还有一种是发送视频内容。软文营销肯定是和文字有关的，因此在微信朋友圈进行软文营销，可以选择前面两种形式。但是最好是采用图文结合的方式，图文结合的软文会比单纯的文字更加醒目、更加吸引人，蕴含的信息量也更大。

如图 4-10 所示，为某微商采用图文结合的方式发布的产品营销信息，左图是玉石类的微商广告，右图是服装类的微商广告，其发图的数量都在标准发图数量中。

图 4-10　图文结合的微商朋友圈

4.3.2　吸睛内容：利用前三行吸引用户流量

微信朋友圈只有 6 行能直接展示文字的功能，对于软文营销而言虽没有字数限制，但最好是利用前 3 行来吸引微信用户的目光，将重点提炼出来，最好让人一眼就能扫到重点，这样才能使人有继续看下去的欲望。否则发布的内容太长，就会发生"折叠"，即只显示前面几行文字，而读者必须点击"全文"才能看余下的文字内容。

人们更愿意接受碎片式阅读形式，不喜欢那种长篇累牍式的文字。对于微信软文营销人来说，不要让自己朋友圈的内容太过冗长，如果有很长的内容，建议将重点提炼出来，让人一眼就能扫到重点最好。

如图 4-11 所示发布的朋友圈微商软文，都利用了前 3 行来吸引用户的关注，做到了言简意赅。重点信息都放在了最前面，让顾客一看就明白，这是一则什么类型的广告，经营什么产品和业务。

图 4-11　利用前 3 行吸引用户的微商朋友圈

4.3.3　图片数量：九宫格照片最讨喜

在朋友圈文案的编写中，除了需要图文并茂以外，还要注意的是，其实张贴图片同样也有一定技巧。比如，贴多少张图合适？一般来说配图最好是一张、两张、三张、四张、六张、九张这几个数字。当然，如果可以，九张在营销过程中来说还是最讨喜的。在朋友圈中，九张照片会显得比较规整一些，版式也会更好看。关键是说服力更强，可参考的依据更多。图 4-12 所示的朋友圈发文信息中，图片都贴成了九宫图的样式，很好地体现了图文的丰富性，提高了文章的可阅读性。

图 4-12　朋友圈发九宫图的样式

4.3.4　发文形式：轻松吸引消费者目光的内容

在朋友圈的营销中，有 3 种发文形式最容易吸引顾客的目光，能让顾客对产品有阅读的兴趣，分别是短图文式、长图文式以及长图片式，下面对这 3 种发文形式进行详细的介绍。

1. 短图文式

在朋友圈中做产品营销时，简单广告的成本比较低，操作形式简单，适合不太懂得电子设备和电子软件的人使用。更重要的是，在一个品牌的初始阶段，相对基础的广告其实更为重要。

在企业没到有稳扎稳打的阶段，商户们最好还是从"一对一"的贴心服务开始做起，在朋友圈进行最简单却又最贴近消费者的广告形式，如图 4-13 所示。

图 4-13　短图文式的朋友圈广告

在朋友圈中还有一种短图文式的广告，是商家投入微信平台的一种广告类型，商家需要付广告费，每一位微信用户都可以在自己的朋友圈中看到该广告信息，如图 4-14 所示。不过，这种类型的广告适合资金比较雄厚的大型企业使用。

专家提醒

通过以上案例我们可以知道，商家在选择不同形式广告的时候，一定要从品牌自身实际情况出发，努力去寻找正确的广告模式，而不是盲目地投入资金。

图 4-14　微信平台的短图文广告

2. 长图文式

长图文式广告有两种形式。其实两者也并无太大的区别，主要还是在"字数"上有些许不同点。这种长图文的广告形式，往往是因为商家想要在文字中传递更多的信息，所以才会导致广告内容被折叠。

第一种被折叠得只剩一行，第二种被折叠一半。这是因为微信系统对文字数目有要求，太长不利于用户读到其他好友的信息，所以会将这些内容进行折叠。但有经验的商户都会将过长的信息复制、粘贴至评论处，如图 4-15 所示。

图 4-15　长图文式的朋友圈

3. 长图片式

在朋友圈内发送广告，除了最传统的"图片＋文字"以外，还有一种形式，那就是直接放一张后期制作好的长图片。那么，用长图片的好处有哪些呢？一是可以使所阐述的内容更加丰富；二是可以通过排版和色彩更加吸引顾客的眼球。

相比折叠式需要用户动手点开，长图片更加简单易行，并且所包含的内容可以多种多样。任何想要在广告中表达的信息，商户们都可以通过长图片阐述出来，不用担心字数的限制。

比起"文字＋图片"的传统模式，长图片式可能更加引人注目。因为它可以往里面添加许多可爱的图标与贴画，文字和图片也可以穿插出现，直观性更强，更加引人注目。甚至，商家还可以将产品做成漫画的形式，用长图片呈现出来，发送至朋友圈内。这种营销方式新颖独特，引人关注。

如图4-16所示，为长图片式的朋友圈广告形式，这种广告形式可以展示更多的产品信息和微商内容，方便商家宣传和推广产品。

图4-16　长图片式的朋友圈

4.3.5　巧用二维码：包裹外加二维码引流

目前，二维码已经成为我们日常生活中不可或缺的因素，更是店主的实用名片。购物付款时需要用到，添加好友时需要用到，登录某个页面时需要用到，识别某个物品需要用到……总而言之，它的用途十分广泛，扫描二维码已经成为生活常态。

准确地说，二维码是链接的一种形式，它的诞生使我们不需要再辛苦地记忆网站域名，只用拿出手机轻轻一扫，就能立即跳转进入我们想进的页面。对于一般的大众来说，二维码最熟悉的使用方式是进行收付款行为。

不过从营销的角度来看，商户们则更应该将二维码的重点放在跳转页面、添加关注这一引导行为上面。通过这些二维码，用户选择关注企业主页的概率可以说是大大地提高了。

很多微信上的公众号将"扫描二维码添加关注"这一增加粉丝的方式，贯彻得十分彻底。作为个体商户，也应该学习公众号的方式，使用一切办法将自己个人的微信号二维码散播出去。如图 4-17 所示，为公众号与微信号的二维码展示效果。

深入持续学习

1000 种构图在等你！

长按关注，立马不同

构图专家：300多种构图原创细分，构图分享数量与深度挖掘第一人。

摄影作家：20多本摄影书作者，清华大学、人民邮电出版社特约作家。

摄影讲师：京东、千聊、简书、今日头条、湖南芒果等平台摄影讲师。

长按识别二维码，可添加构图君个人微信

图 4-17　扫描二维码

除了一些比较传统的宣传方式以外，商户们还可以将二维码附在包裹上方便买家扫描。因为大家在收到商品的第一时间，都会习惯性地检查一下外包裹，看看完整与否。而现在大多数人看见二维码可能都会习惯性地扫描一下。所以说，商品的包裹就成为一个非常合适放置二维码的地方。

微商们应该抓住这一点，制作一些比较清楚的二维码图片粘贴在包裹上，由此来增加微信好友数量。如图 4-18 所示，就是贴了二维码的包裹。

图 4-18　包裹上的二维码

到底在什么样的情况下，需要微商们往包裹上贴二维码呢？具体有以下3种。

第一，通过个人微信号进行迁移。

第二，通过微信公众号吸粉引流。

第三，通过淘宝等网络店铺引流。

有些客户在淘宝、京东等网站上购买了商品。这家店主为了将普通客户发展成长期客户，就希望能够将这些客户添加到自己个人微信朋友圈中，这样不仅方便售后的沟通，更能够打通进一步营销的关节。

当然，除了从其他网站进行引流以外，还有可能是某位商户的个人微信号人已经满了，旧的微信号上由于亲友太多，为了方便营销，干脆重新申请了一个微信号专门用来做朋友圈营销，所以需要客户添加另一个账号。

甚至是这位商户又发展出另一门生意来，为了客户的积累，就将原来的老客户又发展成某种新生意的新客户。无论原因是什么，方便客户查找与添加都是微商们第一个需要考虑的因素，在包裹上附上二维码的方式对客户来说确实相当便利。

4.3.6　巧妙晒单：让客户心动的最强手段

微商在公众号、朋友圈、微信群或者微博中进行产品营销与推广的过程中，除了发布相关的产品营销软文以外，还需要配上产品的图片和基本信息，为了让顾客信任，也可以晒一些成功的交易单或者好的评论，但是有两个问题在晒单过程中值得我们注意，那就是适度和真实，下面进行具体阐述。

1. 产品营销广告适度

在晒单的过程中必须适度，因为不管在哪个营销平台中，无谓的刷屏是人们十分反感的，所以万万不能犯了这一营销之大忌。但对于微商来说，晒单其实是非常有必要的，任谁看到大量的成交都会对商品本身产生心动和行动，所以这一点上我们需要把握好尺度。

2. 产品的信息真实可靠

必须在单据上显示真实的信息，我们必须将所有真实信息展现给好友们看，以诚信为本，否则会让消费者觉得我们不真实，从而产生排斥的心理。

下面以微信朋友圈的发货广告为例，以图文并茂的方式进行微商食品的营销推广，如图 4-19 所示，这样能吸引一部分消费者前来光顾。

图 4-19　走单、下单信息的朋友圈

从营销角度来说，适度地晒一些交易单、发货流程之类的营销信息，可以大大地刺激消费。那么究竟有些什么好处呢？在笔者看来，适度的晒单、晒发货可以让买家们放心，增强买家对微商的信任感，还可以吸引客户的好奇心，对产品产生兴趣。

关于晒单、晒发货还有一个小妙招，在一张照片中，微商可以放上几个快递单，并且将它们叠加起来再照相，这个时候卖家应该尽量将照片凑成九张，并且强调，这是一天或是两天里发出的产品。这样就会让消费者们觉得，这家店的产品是真的特别受欢迎，自己也想尝试购买品尝一下，可以在某种程度上提升销量。

专家提醒

切记不要犯了部分微商频繁刷屏的错误，坊间有句老话叫"微商朋友少"，就是指的这种频繁刷屏的做法，会让消费者很反感，从而减少用户流量。我们平时无论是晒单还是晒好评，都需要节制，广告不要太硬，现在的大部分消费者接受不了突如其来的硬性广告，所以需要在方式方法上注意这些细节。

4.3.7　晒好评：让事实说话，最有价值的广告

在进行微商营销的过程中，除了需要发表产品的文字与图片以外，为了让顾客更充分地信任我们微商的产品，还需要把我们的好评拿出来"晒一晒"。通常来说，提到"好评"，我们立马就会想到淘宝，但是对于微商行业而言，就不完全是针对这一方面了。我们微商晒好评的渠道，主要体现在两点：第一，通过微信朋友圈上传好评照片，晒好评信息；第二，各大电商平台（O2O、C2C）中晒好评信息。接下来给大家介绍微商在这两大平台晒好评的一些详细内容。

1.　在微信朋友圈中晒好评信息

如今微信已成为国内最大的社交软件，消费者会通过微信平台向微商咨询相关的产品信息，有时候买单也会通过微信支付，有些消费者也会在微信中对产品表示认可、进行表扬，商家可以将这些信息进行截屏，然后将评价晒到各大网络社交平台。如图4-20所示，为两组微信对话形式的好评，微商们可以将这些好评信息通过截图的方式存入手机照片库，然后再发表到各大社交平台。

图4-20　微信对话好评截图

2.　在电商平台中晒好评信息

在微店、淘宝、当当、美团等O2O、C2C的电商平台中，买家的评价十分重要。如果我们将晒好评比喻成"晒谷子"，那么微信的"晒"是掌握在自己手里的，而电商平台的特点就是大家一起晒。我们优缺点一起分析，电商平台的好评对比微信好评，前者影响力大过后者，但缺点是因互联网时代的公开透明性，一旦出现差评，一般情况下难以清除，从而给微商们带来同样巨大的负面影响。

那么如何打造良好的评论环境呢？主要有以下 4 种方法。

第一，在线上的电商平台中，努力打造零差评的评论区。

第二，对于不满意的客户，微商要给予安抚和售后服务。

第三，对于极端客户，想办法不让其线上支付从而产生评论。

第四，多策划"给好评"优惠福利方案，如好评返现等。

微商们可以将这些电商平台中的好评信息的图片截取保存下来，然后通过图文结合的形式转发到微信朋友圈中，还可以在淘宝、微店中售卖某款产品时，在产品的详情介绍中附上这些好评信息，让买家更加放心。

4.3.8　推文时间：把握朋友圈最佳发布时间

在朋友圈做营销，我们要合理地抓住用户刷朋友圈的时间，这样才能在关键的时候发挥信息的作用。下面介绍 4 种占领朋友圈碎片时间的技巧。

1. 早上 7:00 ～ 9:00 发布正能量内容

早上 7:00 ～ 9:00 的时间段，正好是微友们起床、吃早餐的时候，有的微友正在上班的路上、公交车上，这个时候大家都喜欢拿起手机刷刷朋友圈、刷刷新闻。而在这新的一天的刚开始时间，微商、网红们发一些正能量的内容，给微友们传递正能量，让大家一天的好心情从阳光心态开始，最容易让大家记住你。

如图 4-21 所示的微商，正是抓住了早上这个黄金时间段，发布了正能量的内容，不仅增加了朋友圈的好感度，内容还进行了最大限度的曝光，显示在页面的最上方，最容易被微友们看到。

图 4-21　微商发布的正能量内容

2. 中午 12:30 ～ 13:30 发布趣味性内容

中午 12:30 ～ 13:30 的时间段，正是大家吃饭休闲的时间，上午上了半天班，有些辛苦，这个时候大家都想看一些放松、搞笑、具有趣味性的内容，为枯燥的工作时间增添几许轻松的色彩。中午吃饭的时候，大家也有刷手机的习惯，有的人是边吃饭边刷手机，特别是一个人吃饭的时候，所以这个时候微商们发一些趣味性的内容，也能引起朋友圈微友的关注，让大家记住你、记住你的产品。如图 4-22 所示，为微商发布的朋友圈趣味信息。

图 4-22　微商发布的朋友圈趣味信息

3. 下午 17:30 ～ 18:30 发布产品内容

下午 17:30 ～ 18:30 的时间段，正是下班的高峰期，这个时候大家也正在车上、回家的路上，刷手机的微友们也特别多，忙完一天的工作，需要通过手机来排减压力，此时微商们可以好好抓住这个时间段给产品做做宣传，也可以发布一些产品的功效，以及产品成交的信息。

商户们在朋友圈营销过程中，平时除了在朋友圈中发产品的图片和产品信息之外，还可以偶尔将自己拿货、发货、上课培训的照片分享在朋友圈中，让客户看到一个努力认真为这份事业打拼的微商，赢得客户的信任。

如图 4-23 所示为卖减肥产品的微商，她下午发的是一些关于产品功效的，内容也很有爱的朋友圈信息。这么会发聊天的微商，大家是不会去屏蔽的，而且大家还会期待看到她发的朋友圈。不被屏蔽的微商，就是朋友圈比较成功的微商了。

图 4-23 卖减肥产品的微商发布的产品功效信息

4. 晚上 20:30 ～ 22:30 发布产品内容

晚上 20:30 ～ 22:30 的时间段，大家都吃完晚饭了，有的躺在沙发上看电视，有的躺在床上休息，这个时候大家的心情是比较恬静的，很多人已经养成了睡前刷朋友圈的生活习惯。所以，这个时候发发情感的内容，最容易打动你的微友们。

如图 4-24 所示为微商晚上发布的关于情感方面的内容，可供读者参考。

图 4-24 微商发布的情感内容

第5章

公众号：精准引流让你的粉丝源源不断

学前
提示

粉丝的多少在一定程度上决定着一个公众平台获利的多少，因此运营者一定要吸引足够多的粉丝才能让公众平台火起来。本章将以公众号的打造为切入点，向运营者展示比较常用的平台吸粉引流技巧，让公众号运营者工作可以更加顺利。

- 选择原则：打造公众号的开始
- 文案：10万＋爆款深度好文炼成揭秘
- 基础引流：常见吸粉妙招

5.1 选择原则：打造公众号的开始

做好微信公众号营销的前提，就是选择一个合适的公众号类型，这样才能尽可能地让公众号带来最大效益。接下来，笔者将从功能、需求等几方面进行详细的分析，帮助广大商家选择适合自己的公众号。

5.1.1 功能介绍：选择公众号的重要参考

本小节主要介绍 3 种类型的公众号功能，让大家能够进一步了解它们，这也是企业或者个人选择公众号的一个重要依据。

1. 服务号的功能

服务号可以分为认证服务号和未认证服务号。

认证服务号有 6 项功能：第一，发送的信息将直接显示在好友的对话列表中；第二，可以在聊天界面的底部添加自定义菜单；第三，拥有基本的信息接收能力和回复接口；第四，每个月都可以向关注者群发 4 条信息；第五，具有 9 大高级接口；第六，可以申请开通微信支付。

未认证服务号有 4 项功能：第一，发送的信息，将直接显示在微信好友的对话列表中；第二，每个月都可以向关注者群发 4 条信息；第三，拥有基本的信息接收、回复接口；第四，可以在聊天界面的底部添加自定义菜单。

在日常生活中服务号很常见，那些以为广大顾客提供服务为主的行业，一般都会选择建立服务号，如图 5-1 所示为服务号的举例——中国电信湖南客服。

图 5-1 中国电信湖南客服微信公众号

2. 订阅号的功能

订阅号可以分为认证订阅号和未认证订阅号两种，这两种订阅号在功能方面没有差别，都具有 4 项：第一，发送的信息将显示在"订阅号"文件夹中；第二，每天都可以向关注者群发 1 条信息；第三，拥有基本的信息接收、回复接口；第四，可以在聊天界面的底部添加自定义菜单。如图 5-2 所示为订阅公众号"飞乐鸟"。

图 5-2　"飞乐鸟"微信公众号

3. 企业号的功能

企业号的应用范围非常广泛，它可以用于政府机关或者公安机关、高等教育、酒店等领域，帮助各领域的企业实现业务及管理。如图 5-3 所示就是企业号的各种功能。

图 5-3　企业号的各种功能

以上就是这 3 种类型的公众号所具有的功能。企业在运营公众号的时候，必须弄清楚不同类型的公众号所具有的功能以及自己想要哪些功能。

5.1.2　选择依据：开设公众号的目的及意义

商家在清楚了公众号的功能之后，就应该思考选择哪些公众号，需要思考的主要有3点，具体如图5-4所示。

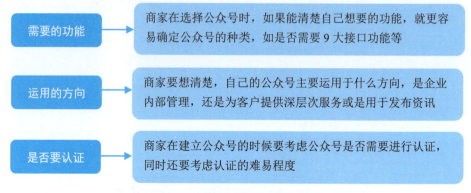

图5-4　选择公众号的3个思考

在进行了选择公众号的前3个思考之后，商家在挑选公众号时，还需要弄清楚选择的公众号能为你解决什么问题。以大型企业为例，大型企业工作人员都比较多，管理起来比较麻烦。因此大型企业建立一个企业号就可以解决人员管理的问题。

5.1.3　运营建议：这3点要记牢

对于商家选择公众号的类型，笔者提出以下几点建议。

1. 做好各方面的定位

商家在选择公众号时，要明确自身的目标，找好方向，同时还要清楚你想要传递的信息是什么样的，这样才能确保选择的公众号是合适的。

2. 从最基础的类型开始

商家在选择公众号的时候，可以考虑从最简单的公众号类型开始，慢慢积累关注量。等所有功能都摸索透彻，或者是现有功能已经无法满足商家需求了，再选择功能更多的公众号类型。

3. 发挥公众号的价值

不管是选择哪一种类型的公众号，都要做到将所选的公众号的最大价值发挥出来，以求给客户提供最佳的使用体验，用户体验做好了才能让关注者长期跟随。

5.1.4　定位设计：如何定位才能成为百万大号

第一印象在人与人的交往中十分重要，这一点对公众号的推广也同样适用。那些粉丝数量破百万的公众大号往往都是十分有特点的，因为这些都是经过精心设计定位的。那么对于微信公众平台的运营者来说，怎样定位自己的微信平台，才能为后续的吸粉引流打下良好的基础呢？下面进行具体介绍。

1. 找准用户定位

在企业的微信公众号运营中，明确目标用户是其中最为重要的一环。而在进行平台的用户定位之前，首先要做的是了解微信公众平台针对的是哪些人群，它们具有什么特性等问题。

关于用户的特性，一般可细分为属性特性和行为特性两大类。属性特征是我们对用户分类的基础，其中包括用户的性别、年龄和居住地，即用户是男性还是女性，大部分是年轻人还是老年人，居住在南方还是北方等基础信息。

而用户的行为特征是指用户的动态，比如平时是喜欢电游还是喜欢手游，喜欢户外运动还是喜欢户内运动等信息。

主要工作有以下方面。

● 数据收集。可以通过市场调研等多种方法，收集和整理平台用户的数据，再把这些数据与用户属性关联起来，如年龄段、收入和地域等，绘制成相关图谱，就能够大致了解用户的基本属性特征。如图 5-5 所示为某产品的用户年龄段分析。

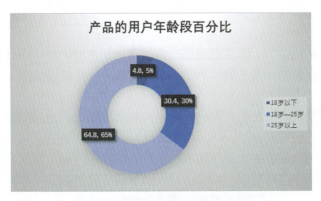

图 5-5　某产品的用户年龄段分析

● 用户标签。获取了用户的基本数据和基本属性特征后，就可以对其属性和行为进行简单分类，并进一步对用户进行标注，确定用户的可能购买欲和可能活跃度等，以便在接下来的用户画像过程中对号入座。

● 用户画像。利用上述内容中的用户属性标注，抽取典型特征，完成用户的虚拟画像，构成平台用户的各类用户角色，以便进行用户细分。

2. 找准平台定位

在微信公众号运营中，首先应该确定的是企业所要运营的平台是一个什么类型的平台，并以此来决定平台的基调。平台的基调主要包括 5 种类型，分别是学术型、媒体型、服务型、创意型以及恶搞型。

在做好平台定位时，应该根据自身条件的差异，选择具有不同优势和特点的平台类型，比如自身有足够影响力的平台类型，主要有 4 个可定位的特点。

第一，账号质量比较高。

第二，目标用户较集中。

第三，运营稳定性较强。

第四，大部分内容偏干货和学术范。

而偏另类的平台类型，就比较适合找到一个最佳的小切入口，然后成为该领域的意见领袖。

另外，在定位平台、选择何种平台类型的同时，还应该对平台的自定义菜单进行相应规划，以便清楚地告诉用户"平台有什么"。对自定义菜单进行规划，究其实质，就是对公众号平台功能进行规划，它可从 4 个维度进行思考和安排，分别是目标用户、用户使用场景、用户需求和平台特性。

值得注意的是，做好平台定位是非常重要的，要慎重对待，因为只有做好了平台的定位，并对其基调进行了确定，才能制定下一步要进行的用户运营和内容运营策略，最终促使平台更好地发展。

3. 找准内容定位

所谓"内容定位"，即企业微信公众号平台能够提供给用户什么样的内容和功能。在平台运营中，关于内容的定位这一问题，主要应该做好以下 3 个方面的工作。

第一，明确内容的发展方向，是平台内容供应链的初始时期的工作，是做好内容定位的前提和准备。

第二，在内容定位中，还应该明确运营阶段的内容展示方式。在打造优质内容的支撑下，怎样更好地展示平台内容，逐步建立品牌效应，是实现平台影响力扩大的重要条件，在内容展示过后，接下来更重要的是明确内容的整合方式，即运营人员对同类型优质内容的整合。

第三，除了应该做好初始阶段和运营阶段的内容定位，还应该明确宣传阶段的内容定位，即怎样进行平台内容互动的问题。企业与用户进行交流，更有利于微信、APP 和自媒体平台内容的传播，从而加深用户对于微信、APP 软件的信任度和支持度。

4. 找准名称定位

商家想要做好公众号定位工作，给自己的公众号取一个合适的名字，是一个不可避免的问题。合适的公众号名字将会给微信公众号运营带来很多好处，主要有3点：第一，使公众号更容易被搜索；第二，使公众号更容易引流；第三，更好地展现公众号的服务信息。

因此，商家或者个人在给自己的公众号取名字的时候，要做好以下3点。

第一，商家在给自己的公众号取名的时候，特别要注意的一点就是关键词，没有关键词的公众号名称，不容易被搜索群体发现，公众号的曝光度就会很低，从而会进一步影响订阅者的数量。

第二，与名字中没有关键字一样，如果名称中有生僻字同样会影响公众号的搜索率，毕竟大部分搜索者在搜索公众号的时候，不会去搜索那些有生僻字的公众号，而且太生僻了也不容易让人记住。

第三，商家和个人在自己的公众号名称中，尽量不要出现火星文和符号之类的字眼，因为火星文、符号出现在公众号中难免会给人一种不太靠谱的感觉，其次火星文要打出来也比较困难，且其比较难以记忆，当然，如果你的公众号本身针对的阅读群体就是喜欢火星文这类文化的人群那就另当别论。

5.1.5 视觉设计：打造阅读体验至上的界面

界面是打造一个吸睛微信公众号必不可少的武器，如果说将微信公众号看成一个团体，里面的每一个功能与设置都是组成这个团体的一部分，那么，界面毫无疑问就是这个团体中的颜值担当。

就如同大街上的美女总是引人回头驻足一般，一个拥有特色视觉设计界面的公众号，无疑是更为吸引人的。了解了界面的视觉设计对公众大号的重要性后，下面就以一个活跃粉丝达到10万+的公众大号——简书为例，看看其独特的界面视觉。

"简书"微信公众平台独特的视觉设计首先表现在其头像上，它的头像内容主题由"简书"文字构成，虽然表现的内容不多，但十分醒目，让用户、粉丝一眼就能在众多微信公众号中扫到它。而"简书"的APP头像，也由"简书"文字构成，如图5-6所示。

不只是头像，简书的推文界面也很有特色，如图5-7所示。其推文界面除了常见的主文图片+标题的形式外，还在副文标题后加入了简洁图形式的标签，让整个界面清晰明了，简单自然，正好吻合了简书中的"简"字、

图 5-6　简书头像

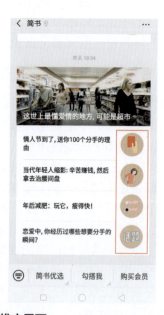

图 5-7　简书推文界面

　　简书的正文界面也表现出强烈的视觉设计的简单之美，如图 5-8 所示。除了纯白的背景和浅色的主色基调，正文文字和图片之间的间距也被刻意拉大，使整个界面更加简单清晰，带给用户一种宁静平和的阅读体验。

图 5-8　简书正文界面

5.2　文案：10 万 + 爆款深度好文炼成揭秘

如果将标题、图片、正文这 3 样定义为一篇文章的精华，标题在很大程度上决定着文章的打开率；图片代表着文章的颜值；正文蕴含着文章的价值，每一样都不容运营者忽视。本节将告诉大家怎么去雕琢文章的内容。

5.2.1　正文形式：10 万 + 文章正文的 6 大类型

微信公众平台发布内容的形式可以是多样的，而且每种样式都拥有独属于自己的特色，能给读者带来不同的阅读体验。因此，微信公众平台运营者要将每种形式都掌握。笔者总结出了微信公众平台发布正文的 6 种形式，下面就为大家介绍这 6 种形式。

1.　图片形式

图片形式的正文是指在整篇公众号文章中，其正文内容都是用图片表达的，没有文字或者文字已经包含在图片里面了。这类正文形式常见于漫画类公众号。

如图 5-9 所示，是作者"顾漫"微信公众号推送的一篇以图片形式传递正文的文章案例。

2.　图文形式

关于图文形式，其实就是将图片与文字相结合的一种形式。该形式是大部分公众号采用的形式，图文结合能有效传达信息，是一种视觉感受比较舒服的形式，适合配图型或图解性较强的公众号内容。

图5-9　图片形式传递微信公众平台正文的案例

其正文呈现形式可以是一张图也可以是多张图，这两种不同的图文形式，呈现出的效果也是不一样的。如果微信公众号发布的是一张图片消息，那么点开文章，可以看见的是一张图片配一篇文字。下面我们来欣赏一下公众号发布的一篇一张图的文章部分内容。如图5-10所示。

图5-10　文章里一张图的公众号案例

如果微信公众号发布的是多张图片消息，那么点开文章看见的就是一篇文章中配多张图片。如图5-11所示是"手机摄影构图大全"公众号推送的多张摄影图文章。

图 5-11　"手机摄影构图大全"公众号多张图文章的案例

3. 视频形式

视频形式是指各大商家将宣传的卖点拍摄成视频，发送给广大用户群。它是当下很热门的一种正文的形式。相比文字和图片，视频更具即视感和吸引力，能在第一时间快速地抓住受众的眼球，从而获得理想的宣传效果。

以微信公众平台"一条"为例，它每天都会为用户推送一条 3 分钟左右的原创视频，如图 5-12 所示为"一条"推送的视频内容。

图 5-12　微信公众号"一条"以视频形式传递正文案例

4. 语音形式

语音形式正文是指平台运营者通过语音的形式将正文发送到公众平台上。这种形式可以拉近与读者的距离，使读者感觉更亲切。如图 5-13 所示是非常有特色的微信公众号"罗辑思维"以语音形式传递微信公众平台正文的案例。

图 5-13　微信公众号"罗辑思维"以语音形式传递正文的案例

5. 文字形式

文字型的正文是指整篇文章中除了邀请读者关注该公众号的图片，或者是文章尾部该微信公众号的二维码图片之外，文章要表达的内容都是用纯文字描述，没有嵌入一张图片的文章。这类正文形式常见于文学性或科研性较强的公众号。

这种形式的正文不是特别常见。因为如果文字字数多、篇幅长，容易引起读者的阅读疲劳从而引发抵触心理。所以，微信公众平台经营者在推送文章的时候，应尽量少使用这种形式来传递信息。

6. 综合形式

综合形式就是将上述 5 种形式综合运用在一篇文章里。这种形式可谓集几种形式的特色于一身，兼众家之所长，能够给读者最极致的阅读体验，让读者在阅读文章的时候不会感觉到枯燥乏味。运用这种形式，能够为自己的平台吸引更多的读者，提高平台粉丝的数量。

如图 5-14 所示是教学英语口语的微信公众号"Echo 陪你练口语"，使用综合形式传递微信公众平台正文的案例。

图 5-14　公众号"Echo 陪你练口语"以综合形式传递正文

专家提醒

需要注意的一点是，微信公众平台以综合形式向读者传递正文内容，并不是指在一篇文章中要出现所有的形式，而是只要包含 3 种或者 3 种以上形式，就可以被称为综合形式。

5.2.2　把握心理：10 万＋文章的 6 类点击理由

在微信公众号运营过程中，软文标题的重要性不言而喻，正如新媒体流传的一组数据所言，"标题决定了 80% 的流量"。虽然其来源和准确性不可考，但由其流传之广就可知，其中涉及的关于标题重要性的话题，是值得重视的，而公众号的内容运营者也可以通过把握用户的心理，来拟一个足够有吸引力的文章标题。下面就为大家介绍 6 种满足用户心理的文章标题。

1. 猎奇心理

对世界和未知事物的探求欲是人类的原始欲望，公众号运营者可以抓住这一点，对公众号推文标题进行处理，使推文标题能够激起用户的好奇心，激发用户点击文章探求未知的欲望，这样能有效地提高推文的点击量。

如图 5-15 所示，就是能抓住读者猎奇心理的公众号文章的标题。

2. 消遣心理

相信不少人玩微信公众号，都是以消磨闲暇时光给自己找点娱乐为目的。因此那些传播搞笑、幽默内容的文章就能抓住读者的消遣心理。冷笑话、幽默与笑话集锦这一类公众号，它的标题就能给用户轻松愉快的感觉，如图 5-16 所示。

图 5-15　能抓住猎奇心理的标题

图 5-16　能抓住读者消遣心理的标题

3. 学习心理

如今社会竞争十分激烈，很多人都会有扩充知识、提升自己的想法。公众号运营者可以抓住这一点，使推文标题显示出文章中所蕴藏的价值，激发用户的学习欲望，而真正有用知识也会让文章传播更快。

如图 5-17 所示是微信公众平台"四六级考虫"的公众号文章标题，它就从标题上抓住了想要学习者的心理，吸引读者去阅读。

图 5-17　能抓住读者学习心理的标题

4. 私心心理

人总是有私心的，这是一种普遍存在的正常心理，公众号运营者可以抓住这一点，使用满足用户私心心理的文章标题增加点击量。但这类标题也要慎用，因为如果文章不能实际满足用户私心，不仅会导致读者拒绝阅读文章，更甚者会引起读者的反感，从而取消关注这一微信公众号。如图 5-18 所示，文章的标题就是能满足读者的私心需求的标题。

图 5-18　能满足读者私心需求的标题

5. 感性心理

在物质生活丰富的现今社会，很多人已经不再担心温饱问题了，物质欲望得到一定满足的人开始寻求精神上的满足。公众号运营者可以抓住这一点，使推文标题更能打动读者，引起读者的共鸣。

6. 怀旧心理

怀念过去，对于以往的岁月充满感慨，是有一定年龄的人普遍会有的一种心理。公众号运营者可以抓住这一点，使用满足用户怀旧需求的文章标题增加点击量。这类标题在文字上大多都会有一些代表年代记忆的字眼，如图 5-19 所示。

图 5-19　能满足读者怀旧需求的标题

5.2.3　标题类型：10 万 + 文章标题的 10 种特色风格

要做好微信公众号运营，学会拟写公众号文章标题是非常必要的，有吸引力的文章标题，才会给公众号带来更多的读者和流量。经典公众号标题有 10 种类型，下面就为大家详细介绍。

1. 煽动式

所谓"煽动性"，指的是精准抓住目标群体的隐藏欲望，利用一些特定的词汇引起他们诉求上的共鸣。在公众号软文标题撰写中，一些情感类的软文转发的实现，就在于能否最大限度煽动读者的情绪和情感，能否引起读者的共鸣。在软文标题中适当添加具有煽动性的词汇，从读者方面来说，有着重要的作用，能让读者产生代入感和同理心。如图 5-20 所示，为两篇采用煽动式标题的公众号文章。

图 5-20　能让读者产生代入感的煽动式标题

2. 悬念式

在公众号软文标题设置中，利用意思不明的表达方式来营造一个非常广阔的想象空间，让读者可以尽情畅想余下和隐藏部分究竟是什么样的内容。一般来说，读者在畅想的同时还会产生一种"正确答案"是什么的窥探心理，以此设置悬念，激发读者的好奇心，促使读者去点击阅读软文，最终实现软文阅读量的提升。

如图 5-21 所示，为公众号上能引发读者好奇心的软文标题案例。

图 5-21　引发好奇心的软文标题案例

图5-21的两篇软文利用一种疑问的方式，在带给读者问题的同时激起他们的好奇心，从而引领读者去阅读软文。

3. 画面式

人们在进行阅读时，一般会随着阅读的深入而进入角色，在脑海中形成一些画面。这种画面感的营造是最能带给读者好的阅读体验的方式之一。因此，在微信公众号运营中，不仅可以在软文正文营造画面感，还可以直接在标题中就把这种画面感体现出来，这样就更容易让读者产生阅读的兴趣。

如图5-22所示，为故宫博物院公众号中营造画面感的标题案例。

图5-22　营造画面感的标题案例

4. 冲击式

不少人认为："力量决定一切"。这句话虽然带有太绝对化的主观意识色彩，但还是有着一定道理的。其中，冲击力作为力量范畴中的一种，在公众号软文撰写中有着它独特的价值和魅力。

所谓"冲击力"，即软文带给人在视觉和心灵上的触动的力量，也是引起读者关注的原因所在。

在具有冲击力的软文标题撰写中，要善于利用"最"和"比……还重要"等特点的词汇——因为读者往往比较关注那些具有突出特点的事物，而"最"和"比……还重要"等词汇，是最能充分地体现其突出性的，往往能带给读者强大的戏剧冲击感和视觉刺激感。

5. 数字式

在出版和编辑领域，阿拉伯数字一般用来表示现实生活中某种存在着的确切的数据，与汉语中表示概数的如"三四个""五六张"等数字不同，它在产生的具体语境效果方面，是一种精确的客观存在的体现。

因此，撰写加入列举、概括性的数字式的软文标题，具有多方面的优势，主要有最具模仿性、概括时客观直接和具有信服感这 3 方面的优势。

基于数字式标题的撰写优势，在公众号运营中，可以大力加以运用，这不仅能增加软文标题的信任感和可读性，还能节省软文标题构思和撰写时间，是一种值得提倡的软文标题撰写方法。

6. 疑问式

相比于普通、平实的陈述而言，疑问的句式往往更能获取外界的关注。疑问式标题就是撰写标题时采用询问某一问题的形式，它所包含的种类有很多，所以在日常生活中用得也十分普遍。

在标题撰写上，采用疑问句式其标题效果也是很好的，主要表现在两个方面：一方面，提问所涉及的话题大都和读者联系比较密切；另一方面，问题本身就能够引起读者的注意，用提问式标题激起读者的好奇心，从而来引导读者查看全文。

从读者的心理层面来说的话，看到提问式标题，一部分读者会抱着查看自身问题的心态点击这类标题，还有一部分读者会抱着学习或者新奇的心态点击文章。在文章标题中采用提问式标题的案例如图 5-23 所示。

图 5-23 采用疑问式标题的文章

7. 反常式

人们一般习惯顺着逻辑思维的发展思考和看待问题，因此，那些与正常思维方向相悖的话题和内容，就很容易成为关注的焦点，如图5-24所示。

图5-24　反向思维的软文标题案例

8. 名人式

人的崇拜心理自古有之，如远古时期的图腾崇拜、民族战争中对民族英雄的崇拜等。这一崇拜心理发展到现在有了更广阔的延伸，发展为追星、关注名人和偶像等多个维度。

而把这种心理因素的影响应用到软文标题撰写中，就体现为人们常说的"名人效应"。在软文标题中加入"名人"这一元素，往往能提升软文的说服力，因为在大多数读者看来，名人在一定程度上代表的是"权威"，而为软文标题添加"权威"的砝码，与一般软文标题相比，其影响力就要大得多。

9. 对话式

在微信公众号的平台推广中，人与人之间的关注，都是通过虚拟的空间和渠道来进行的，这是很容易让人产生距离感的。为了缩小彼此之间的距离感，公众号运营者可以通过多种方式来进行操作，其中，在软文标题和内容撰写过程中以第一、第二人称进行论述，就是一种常见的表达方式。

这一形式的运用，容易给人一种相互之间正在面对面对话的感觉，可以有效地拉近平台与读者之间的距离。

10. 热点式

网络平台的热点本身就是比较容易被检索和关注的，是一种能够引发传播的资源。在软文标题中引入网络流行语和涉及热点事件的词汇，在软文传播上有望产生轰动式的效果。

而这种方式的应用对平台运营和软文推广来说，又起到了效率与效果二者兼顾的作用——既实现了软文标题撰写上的简便，又利用热点词汇这一自带流量的元素，实现了不错的传播效果。由此可见，借助热点词汇的传播优势，是公众号软文运营和撰写的明智之举。

5.2.4　视觉诱惑：10 万 + 文章图片的 3 个引流吸睛技巧

图片是商家进行微信公众号运营时的有力武器，一张合适的图片有时能胜过千言万语。图片能给微信公众平台的读者带来视觉效果，也能为平台上的文章锦上添花。下面为大家介绍配图需要注意的一些技巧。

1. 封面

封面是非常重要的部分，一个精美的封面，能够给平台带来的阅读量是不可估量的。

对于封面图片的尺寸大小，微信平台给出的建议是：如果是小图片，建议 200 像素 ×200 像素。笔者给出的建议是 900 像素 ×500 像素，有时候，图片尺寸过大或者过小，很容易造成图片被压缩变形，那样出来的效果就会大打折扣。

2. 修图

运营者在进行内容运营时，是离不开图片的。图片是使运营者推送在微信和自媒体平台上的文章内容变得更加生动的一个重要武器，会影响到读者点开文章的阅读量。

因此，运营者在使用图片给微信、APP 和自媒体平台增色的时候，也可以将图片适当地进行一下后期处理。运营者给自己的图片进行后期修图，可以让原本单调的图片变得更加鲜活起来，让图片更加有特色，以吸引更多的用户。

现在用于图片后期处理的软件有很多，如强大的 Photoshop、众所周知的美图秀秀等。运营者可以根据自己的实际技能水平，选择图片后期处理软件，通过这些软件让图片变得更加夺人眼球。

3. 焦点

圣诞树是一种有代表性的节日用品，人们在庆祝圣诞节时，总会将圣诞树摆放在显眼的位置，而圣诞树顶部的星星装饰品则更加引人注目。公众号的图片也是如此，最吸引人的因素总是摆在头图之中。因此就可以在头图封面上放入打折信息、奖品信息等，让用户更有点击的欲望。

5.2.5　正文写作：10万+文章正文写作的4大经典类型

要写出好文就需要掌握一些文章正文的创作类型。比如，文章的正文有故事型正文，也有悬念型正文等。根据文章素材和文章作者写作的思路的不同，文章正文的形式也有不同。接下来，笔者将为大家介绍几种常见的正文的写作类型。

1. 故事型

故事型的文章正文是一种很容易被用户接受的正文题材，一篇好的故事型正文，很容易让读者记忆深刻，拉近创作者与读者之间的距离，生动的故事容易让读者产生代入感，对故事中的情节和人物也会产生向往之情。

运营者如果能写出一篇好的故事型正文，就会很容易找到潜在读者。对于公众号内容运营者来说，如何打造一篇完美的故事型文章呢？故事类的文章写作最好满足以下两个要点。

- 合理性：故事要合理，不合理的故事很容易被拆穿，让读者看出广告成分。
- 艺术性：故事要有一定的艺术加工，毕竟艺术来源于生活又高于生活，但不能太夸张。

2. 悬念型

所谓悬念，就是人们常说的"卖关子"。设置悬念是一种常用的写作方式。公众号内容运营者通过悬念的设置，可以激发读者丰富的想象和阅读兴趣，从而达到吸引读者阅读的目的。

正文的悬念型布局方式，指的是在正文中的故事情节、人物命运进行到关键时设置疑团，不及时作答，而是在后面的情节发展中慢慢解开，或是在描述某一奇怪现象时不急于说出产生这种现象的原因。这种方式能使读者产生急切的期盼心理。

也就是说，悬念式正文就是将悬念设置好，然后嵌入到情节发展中，让读者自己去猜测、去关注，等到吸引了受众的注意力后，再将答案公布出来。制造悬念通常有3种方法，具体内容如下所述。

- 设疑：在文章的开始就提出疑问，然后在文中一步步地给予解答。
- 倒叙：先把读者最关注和最感兴趣的内容摆出来，然后再提出悬念，并慢慢阐述原因。
- 隔断：这是一种叙述头绪较多时的悬念制造方法。当一端头绪解说到关键时突然中断而改叙另一头，而读者会表现出对前一端头绪迫切的阅读心理，悬念由此而生。

3. 逆思维型

逆向思维就是要敢于"反其道而思之"，让思维向对立面的方向发展，从问题的反面深入地进行探索，树立新思想，创立新形象。

逆向型的正文写法指的是不按照大家惯用的思维方法去写文章，而是采用反向思维的方法去进行思考、探索。人们的惯性思维是按事情的发展正方向，去思考某一件事情，并且寻找该事件的解决措施，但是，有时候换一种思考方向，可能事情会更容易解决。

4. 创意型

公众号内容运营者从不同的角度，进行文章的创意写作，可以增加读者的新鲜感，读者一般看到不常见的事物，往往会花费一点时间来"摸清底细"，从而就有可能耐心地通读正文，为营销的实现提供很好的助力。

创意式文章的写作，可以通过多种形式来实现，其中，制造商品热卖和畅销场景、剑走偏锋就是其中比较有效的方法。

行业的公众号内容运营者，为了在内容营销里脱颖而出，就使用了突破常规的形式，找一些新的、不同以往的办法来解决问题，以求出奇制胜，来获取读者的注意力。

在文章写作中也是如此，当读者已经对如同潮水一般的文章营销有了审美疲劳的时候，就需要想办法给读者和消费者打一剂强心剂，而拥有不同思维的创意写作，就是最具效果的。

5.2.6　图文排版：10 万 + 的推文是如何排版的

如果说公众号运营者的内容是让作者与读者之间产生思想碰撞或共鸣的武器，那么自媒体人对运营内容的格式布局就是给读者提供一种视觉上的享受。内容的排版对运营有很重要的作用，它决定了读者是否能够舒适地看完整篇内容并转发，下面为大家介绍提高文章转发率的排版技巧。

发布内容的时候，要突出自己的主题、重点，可以使用要点加粗调色的方法。具体如下所述。

(1) 重要文本内容加粗。在一般的文本编辑中，多采用要点字体加粗的方法，这样可以使读者快速地抓住内容的主题，如图 5-25 所示。

这种突出要点的操作，可以通过平台上的"加粗设置"来完成。

(2) 重要文本内容调色。文章的文字颜色是可以随意设置的，并不只是单调的一个颜色。所以，从读者的阅读效果出发，将文章中的文字颜色设置为符合阅读习惯和兴趣的最佳颜色，还是非常有必要的。

图5-25　要点字体加粗的案例分享

运营者在进行字体颜色设置的时候，要以简单、清新为主，尽量不要在一篇文章中使用多种颜色的字体，这样会让版面看起来非常花哨，使整篇文章缺少一种舒适、整齐的感觉。如图5-26所示为要点字体调色的案例分享。

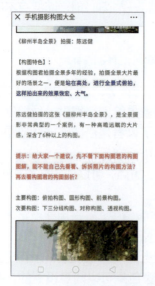

图5-26　要点字体调色的案例分享

专家提醒

　　文字的颜色要以清晰可见为主，不能使用亮黄色、荧光绿这类让读者看久了眼睛容易产生不舒适感的颜色，尽量以黑色或者灰黑色的颜色为主。

5.3　基础引流：常见吸粉妙招

　　引流吸粉是公众号运营者一项重要的工作，也是微信公众号运营工作中的重要一环，本节将为大家介绍 7 种常见的吸粉引流方法。

5.3.1　大号互推：强强联合互惠互利

　　通过爆款大号互推的方法，即微信公众号之间进行互推，也就是建立公众号营销矩阵（指两个或者两个以上的公众号运营者，双方或者多方之间达成协议，进行粉丝互推），可以达到共赢的目的。微信公众号之间互推是一种快速涨粉的方法，它能够帮助运营者的微信公众号短时间内获得大量的粉丝，效果十分可观。

　　相信大家在很多的微信公众号中，都曾见过某一个公众号会专门写一篇文章，给一个或者几个微信公众号进行推广的情况，这种推广就算得上是公众号互推。这两个或者多个公众号的运营者会约定好，有偿或者无偿给对方进行公众号推广。

　　运营者在采用公众号互推吸粉引流的时候，需要注意的一点是，所找的互推公众号平台类型尽量不要跟自己的平台是一个类型的，因为这样运营者之间会存在一定的竞争关系。两个互推的公众号之间尽量以互补性存在最好。举个例子，你的公众号是推送健身用品的，那么你选择互推公众号时，就应该先考虑找那些推送瑜伽教程的公众号，这样获得的粉丝才是有价值的。

5.3.2　朋友圈分享：多个朋友多条路

　　朋友圈分享指的是运营者在自己的个人微信号、企业微信号的朋友圈里发布软文广告或者硬广告，让自己朋友圈的好友关注你的微信公众号的一种吸粉引流方法。

　　运营者在进行好友互推的时候，可以把自己微信公众平台上发布的文章，再在自己的朋友圈发布一次，朋友圈中的好友看见了，如果感兴趣就会点开文章阅读。运营者可以坚持每天发送，只要文章质量高，自然而然能够吸引他人关注公众号。

　　这种方法，在分享自己动态的同时也宣传了公众平台，是很不错的推广方法，而且也不容易引起朋友圈中好友的反感。

以微信公众号"手机摄影构图大全"为例，它的运营者就会在自己的朋友圈推送自己公众平台上的文章，以此进行公众号推广。如图5-27所示为"手机摄影构图大全"平台运营者在自己的朋友圈推广自己公众号平台的相关信息。

5.3.3　线上微课：结合直播平台引流

图 5-27　朋友圈推广公众号

线上微课是指按照新课程标准及其教学实践的要求，以多媒体资源（电脑、手机等）为主要载体，记录教师在课堂内外教育、教学过程中，围绕某个知识点而开展的网络课程。

公众号中有一些专业的直播平台，比如"千聊"平台，运营者在该平台开设课程以后，可以通过任务邀请卡、课程优惠码、拼课等方式，吸引更多用户关注。运营者可以与这类平台合作，开设线上直播教学微课，从直播平台的微课中嵌入微信公众号的信息，从观众当中引流。

5.3.4　媒体矩阵：利用亿级平台海量拉新

微信公众平台运营者如果想要通过推广获得更多的粉丝，除了可以利用在微信公众平台发布文章，及借助第三方微信服务营销系统开展活动等方法之外，还可以在一些主流的流量平台，通过推送文章的方法来为微信公众号获得更多的粉丝。

公众号运营者可以引流的主流平台有 8 个，分别是：今日头条、一点资讯、搜狐平台、大鱼平台、企鹅媒体平台、百度百家平台、网易媒体平台和简书平台。以简书平台为例，想要吸引更多粉丝，运营者需充分掌握简下述 3 个功能。

(1) 阅读功能：用户可以随时阅读简书上各种类型的文章，因此运营者可以通过分析用户的阅读喜好，让自己推送的文章能够吸引更多的用户阅读。

(2) 交流功能：用户可以在平台的文章下通过评论方式跟作者交流与沟通，运营者可以通过保持与用户的良好沟通交流，让用户成为忠实粉丝。

(3) 分享功能：用户可以将平台上自己喜欢的内容分享到其他平台上，并附上微信公众号，运营者可以通过设置分享奖励的方式，让用户主动帮忙进行推广，从而吸引更多粉丝。

以上几个对功能应用的引流方法，也适用于其他流量平台。在平台吸引到粉丝以后，运营者可以在自己优质的原创文章中加入公众号的信息，或是在文章中插入公众号的二维码，以此作为公众号的引流入口，吸引更多的粉丝关注。

如图 5-28 所示为"手机摄影构图大全"在今日头条的文章中，放入自己公众号介绍的案例，以此达到微信公众号吸粉引流的目的。

图 5-28　"手机摄影构图大全"的今日头条文章

5.3.5　高端工具：借用 BAT 引流拉新

所谓 BAT，就是指百度、阿里巴巴、腾讯这 3 家互联网巨头企业，它们在互联网上的市场占有率非常高，互联网的各领域都有它们旗下相关的产品。并且它们的各类产品之间大多是可以信息相通的，所以 BAT 提供的平台非常适合微信营销者用来拉新引流。BAT 提供了哪些适合拉新引流的平台呢？下面进行具体分析。

1. 百度

百度作为全国最大的搜索网站，用户数量众多，十分适合拉新引流。当你问别人问题的时候，是不是常常会得到"百度一下你就知道"这样的回答？这句话其实就足以显示出百度的实力了。多年过去它依然是人们获取信息、查询资料的重要平台。

所以用百度平台引流，一定是微信公众号运营者不可错过的选择，而且如果受众能在百度平台上找到与微信公众号相关的信息的话，公众号就等于获得了流量入口。

2. 阿里巴巴

阿里巴巴是全球领先的 B2B 电子商务网上贸易平台，旗下的淘宝改变了很多人的购物习惯，但是很多人都没有利用这个平台来宣传自己。不过在阿里巴巴的平台上做微商的引流还是要尽量隐蔽，毕竟阿里巴巴和腾讯是竞争对手，在阿里巴巴平台上推广微信公众号很容易被封。

3. 腾讯

微信作为腾讯公司的主力品牌，同时也是最早的网络通信平台，其平台的资源优势和底蕴，以及庞大的用户群，都是微信公众号运营者必须巩固的阵地，微信群、QQ 群等就是大家拉新引流的前沿。

5.3.6　活用 APP：定制的引流平台

APP 就是移动应用程序的简称（也称手机客户端），APP 引流就是指通过定制手机软件、SNS 及社区等平台上运行的应用程序，将 APP 的受众引入到微信公众号中的引流方式，APP 的引流方式有下述 5 个。

第一，可以通过咨询的方式引流。

第二，通过满足用户的购物欲望，进行精准引流。

第三，通过便捷的互动方式进行引流。

第四，通过娱乐化的活动进行引流。

第五，通过 LBS 功能实现搜索功能，达到引流目的。

5.3.7　运用其他工具：引流不止一条路

除了上述的引流方法之外，还有电子书引流法和资源引流法，下面为大家介绍这两种引流方法。

1.　电子书引流法

微信公众平台运营者利用电子书进行引流的优势有 4 点：第一，增加受众的信任感，提高平台的关注率；第二，有助于微信公众平台打造品牌；第三，效果更持久，目标更精准，传播性能更好；第四，能增强目标受众在收集信息方面的体验感。

电子书可以通过下述几种方式进行传播。

(1) 在平台经营相关的领域专业论坛发帖。

(2) 在新浪开通博客并发表博文。

(3) 在百度知道里回答相关问题。

(4) 提交到资源网站供大家下载分享。

(5) 上传到平台经营产品相关的 QQ 群里。

(6) 在专门的电子书网站进行分类提交。

2.　资源引流法

运营者可以找一些软件资源，发布到网站上，文章里面这样写："XXX 资源，不知道大家是否需要，如果需要的可以加我微信！"文章下附上软件的截图。或者可以分享部分资源出来，附上说明："有空的时候发邮箱，如果有急需的可以加我微信，微信号：XXXXXXXX"，再加上自己的微信二维码。

这个方法适用于那些有不错的软件资源的人，运营者还可以根据自己的产品和行业去寻找一些有用的软件。

第6章

小程序：小小的程序，大大的转化率

学前提示

在小程序上线之前，APP是许多运营者的营销主战场。而小程序上线之后，越来越多的人在看到它千亿级的市场潜力之后，开始开发出自己的小程序，这也直接导致了小程序运营推广时代的到来。

- 小程序的营销优势
- 小程序搜索排名的影响因素
- 小程序如何优化排名
- 小程序的营销策略
- 小程序的9个转化攻略

6.1 小程序的营销优势

小程序之所以值得运营者拥有，其中一个很重要的原因就是，它在运营推广方面拥有其他应用程序不具备的优势。也正是因为如此，小程序获得了诸多运营者的青睐。本节主要为大家介绍小程序能够获得青睐的 5 大营销优势。

6.1.1 限制较少，人人可为

在小程序开放的众多功能中，最引人注目的无疑就是个人可注册和开发小程序了。因为这就意味着只要愿意，年满 18 周岁的用户只需进行验证，便可以人人拥有属于自己的小程序。而且小程序的开发相对简单，这便让小程序变得人人可为。

小程序的开发需要一定的技术，就已经注定运营者开发小程序需要投入一定的成本。但是，因为微信提供了开发支持，再加上小程序的开发比 APP 和网页更简单一些，所以，小程序的运营成本相对来说还是比较低的，运营者更容易开发一个属于自己的小程序。另外，随着这项新功能的开放，个人用户只需在"小程序注册"界面的主题类型中选择"个人"选项，并单击下方的"继续"按钮。就可以在填写和验证相关信息之后，获得个人的小程序，具体如图 6-1 所示。

图 6-1 "小程序注册"界面

6.1.2 获取便利，随时可用

由于部分手机（如苹果）是不能直接插内存卡的，所以，一个手机的内存便变得非常有限了。而综观应用商店中的各种应用，大多数都超过 100MB，这让用户手机能安装的 APP 受到了严重的限制。如图 6-2 所示为苹果手机"App

Store"中"国美"APP的相关信息界面，而其"大小"便达到了"159.6MB"。

因为只有下载并完成安装，用户才能获取并使用APP，所以，体积大小对获取时间又会产生一定的影响。比如，用户点击图6-2中的"获取"按钮之后，系统会对"国美"APP进行下载；显示下载进度，具体如图6-3所示。

图6-2 "国美"APP信息介绍界面 图6-3 "国美"APP下载界面

同样是"国美"，如果用户使用小程序进入，只需在"小程序"界面输入"国美"；在搜索结果中选择"国美商城"，如图6-4所示；操作完成后，即可进入"国美商城"小程序的首页，具体如图6-5所示。

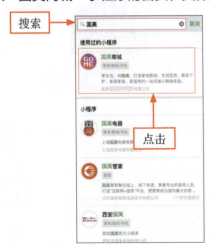

图6-4 小程序中搜索"国美" 图6-5 "国美商城"小程序首页

因此相比于APP，小程序的应用占用的内存比较小，基本上可以实现无须安装和下载，随时可用。这对于手机内存比较有限的人士，以及生活节奏日益加快的人来说，无疑更加适用。

6.1.3　功能强大，短小精悍

或许部分读者认为小程序就相当于 APP 的精简版，从各方面看，它与 APP 之间都还存在着一些差距。但是在笔者看来，小程序基本可以媲美原生 APP。之所以说小程序基本可以媲美原生 APP，是因为无论是从基本功能，还是从页面加载速度来看，小程序都不比 APP 差。接下来，笔者就从这两方面进行具体解读。

1. 功能强大

虽然小程序是轻应用，但是大多数小程序却已经具备了 APP 的基本功能。以"拼多多"为例，图6-6和图6-7分别为"拼多多"小程序和 APP 默认界面。

图6-6　"拼多多"小程序"首页"界面　　图6-7　"拼多多"APP"首页"界面

从上面两幅图不难看出，"拼多多"APP 和小程序的导航栏中都包括限时秒杀、品牌清仓、爱逛街和9块9特卖等，而页面下方的首页、新品、搜索、聊天和个人中心图标更是完全相同。光看上述这些信息，"拼多多"小程序和 APP 就像是孪生兄弟，如果不认真看，还以为两者就是同一款应用。

2. 加载快速

因为小程序是直接在微信上开启的应用，所以，有的用户对它的加载速度有些担忧。其实微信定制的浏览器也对小程序进行了一些优化，小程序的页面流畅程度已经接近原生 APP，部分小程序的页面流畅程度甚至超过了原生 APP。

6.1.4 限制扩大，功能完善

因为小程序定位为轻应用，所以最初微信官方对小程序代码包的限制为不能超过 1MB。代码包的限制虽然保证了小程序的"轻便"，但是也因为可施展空间有限，让小程序具备的功能始终与原生 APP 存在一定的差距，进而使小程序在竞争中落于下风。而随着新功能的开放，微信将小程序代码包的限制扩大至 4MB。

也就是说，小程序代码包可占用的内存增加了一倍。这就好比是一个游乐场，如果只有 $100m^2$ 的面积，它拥有的可能只有简单的几个项目。但是，如果将可用面积扩大至 $400m^2$，那么它就可以在原来的基础上加入一些项目，使内容更加丰富。

代码包限制的扩大也是同样的道理，当限制为 1MB 时，因为可使用的空间有限，所以，运营者在小程序中只能呈现比较有效的内容。但是当限制扩大至 2MB 时，留给开发者的可用空间大大增加，而开发者自然也就可以利用这些空间，更加全面地呈现信息了。

6.1.5 微信搭台，潜力巨大

说起电商购物渠道，许多人首先想到的可能是淘宝、京东等电商平台。这些大牌电商平台经过多年的发展，既有名气，又有一定的人气，对于普通商家来说确实是一个不错的选择。而小程序的出现，则是为商家开辟了一条新的电商购物渠道。而且因为微信的搭台，这个新电商购物渠道的潜力是十分巨大的。

在 2017 年 4 月企鹅智酷发布了《2017 微信用户 & 生态研究报告》，该报告相关数据显示 2016 年 12 月微信月活跃用户达到 8.89 亿。另外，2016 年日均使用时长 4 小时及以上的用户为 2015 年的两倍。2019 年 1 月，微信官方公众号公开了 2018 年微信的用户数据报告，据数据显示，在 2018 年，微信的月活跃用户达到了 10.82 亿。

而用户数量和使用时长又从一定程度上带动了消费的增长，再加上现在微信红包让微信的支付和转账功能日趋成熟，只要运营者以小程序电商介入微信，便可共享微信创造的千亿级市场，因此微信平台的市场潜力不可谓不大。

虽然小程序的市场潜力巨大，但是，它的竞争也是比较激烈的。毕竟很多人都想从中占得一席之地。也就是说，小程序这块蛋糕是很大，但是，运营者究竟能从中分得多少，还得看个人的水平。

6.2 小程序搜索排名的影响因素

因为微信小程序的搜索排名对用户的使用起到了巨大的引导作用，所以，许多微信小程序电商一直致力于提高自家微信小程序的搜索排名。传统电商尚且如此，作为日后即将取代传统电商的新零售商户，就更需重视微信小程序的搜索排名了。

但是在此之前，微信小程序智慧零售商户还必须弄清楚，微信小程序的搜索排名是由哪些因素决定的，只有如此，对于如何提高自家微信小程序的搜索排名，才能做到有的放矢。本节主要介绍决定小程序搜索排名的 5 大因素。

6.2.1 使用总量

微信小程序的总使用量在搜索排名中的影响占比约为 50%。也就是说，一个微信小程序的排名，从很大程度上来说，是由微信小程序的使用次数来决定的，使用次数多的微信小程序排在越靠前的位置。所以，微信小程序智慧零售商户要想提高微信小程序的排名，需要着力于增加其使用量。

那么，微信小程序智慧零售商户怎样来增加小程序的使用量呢？笔者认为主要有两种思路：第一，通过品牌的宣传和打造，让更多用户认识商户的微信小程序，并主动使用；第二，提供多种进入微信小程序智慧零售平台的渠道，并通过鼓励引导积极进行引流。

6.2.2 关键字词

微信小程序名称中是否有用户搜索的关键词，在搜索排名中的影响占比约为 35%。通常来说，在名称中包含关键词的条件下，名称越短，商户的微信小程序的搜索排名也就越靠前。

当用户选取某个关键词搜索微信小程序时，系统会把名称中有该关键词的小程序排在前面，而那些名称中没有该关键词的小程序，将被相对排在后面，甚至不会出现在搜索结果中。

如图 6-8 所示，为在微信小程序中搜索"快餐"的结果，从该搜索结果中可以看出，所有排名靠前的微信小程序都有一个共同点，那就是名称中都有"快餐"这两个关键词。而我们熟悉的西式快餐（如肯德基、麦当劳）的微信小程序，却均未出现在搜索结果中。

所以，如果用户在搜索结果中选择小程序进入，这类名称中没有关键词的快餐就会被排除在外。因此，运营者在给微信小程序取名时一定要多花一些功夫，要基于微信小程序智慧零售平台自身的主要业务，并结合热点关键词进行命名，并尽可能地控制好名称的长度。

图6-8　搜索"快餐"的部分结果

另外，值得一提的是，微信小程序的名称具有唯一性，也就是说，名称如果被其他运营者抢先一步注册，那么，你将无法再用同样的名字。所以，要想获得满意的微信小程序名称，商户还需尽早注册。

6.2.3　使用频次

微信小程序描述（也就是介绍）中关键词的出现频次，在搜索排名中的占比约为10%。一般情况下，描述中关键词出现的次数越多，商户的微信小程序智慧零售平台的排名也就越靠前。

另外，用户在搜索某一关键词之后，可能也会查看微信小程序平台的描述。如果在描述中看不到关键词，那么，用户很可能会认为该微信小程序是在"挂羊头卖狗肉"。这样一来，用户就很可能不会再进入该微信小程序了。

相反地，如果在描述中多次出现关键词，那么，用户便会觉得该微信小程序平台能够提供其想要的服务，并且会认为该微信小程序平台与之相关的服务相对较为全面，而用户对小程序也就更多一分信心。所以，在编辑微信小程序的相关介绍时，微信小程序智慧零售商户，一定要有意识地增加关键词的使用频率，全面对店铺平台进行介绍，让用户通过描述看到平台的专业化水平。

6.2.4　上线时间

微信小程序电商平台的上线时间，在搜索排名中的占比约为5%。在其他条件相同的情况下，微信小程序电商平台上线的时间越早，其排名也就相对越靠前。

要想在一种新生事物中获得发展，方法多种多样，但是如果能及早入场，那么，获胜的概率往往要更大一些。微信小程序智慧零售也是如此，如果商户尽早发布小程序，那么，小程序的发展契机通常也要更多一些，这主要体现在以下两个方面。

(1) 资源多。上线越早，可自由使用的资源就越多，比如，在取名时，便可以抢占想要的名称。同时小程序作为微信官方主推的项目，早期发布的小程序其商户更容易获得微信官方的资源倾斜和支持。

(2) 曝光多。上线越早也就意味着微信小程序存在的时间就相对越长。而微信小程序上线之后便会一直存在，这表示上线越早的微信小程序电商平台，拥有的曝光次数也会更多一些。

因此，如果商户有运营微信小程序智慧零售的想法，一定要尽快发布微信小程序。虽然上线时间在搜索排名中的占比不是很高，但是，它对于微信小程序智慧零售商户日后的运营和发展，却是影响深远而重大的。

6.2.5 使用状态

虽然微信小程序是否在使用不在搜索排名中占比，但是，如果一个微信小程序暂停使用，那么，它便会因为用户无法进入，使用量不断减少而出现排名的下降，而且停止使用的微信小程序对于用户来说也就失去了意义。所以，微信小程序正在使用对于其搜索排名也是非常重要的。

以罗辑思维的"得到"小程序为例，作为首批小程序，就在其推出之后第 5 天，也就是 2017 年 1 月 13 日。罗辑思维创始人罗振宇在微信聊天信息中便表示"得到"将退出小程序，具体如图 6-9 所示。

随后，"得到"小程序便宣布暂停服务，用户在进入该微信小程序时，便只能看到如图 6-10 所示的画面。

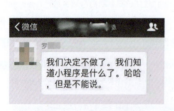   

图 6-9　罗辑思维创始人罗振宇的微信聊天信息　图 6-10　"得到"小程序暂停服务

当然，在看到微信小程序良好的发展势头之后，罗辑思维不惜打脸重返微信小程序，并推出以内容为卖点的"得到商城"（现已更名"知识礼物"）小程序。但是，一段时间的暂停服务却让其失去了本应拥有的巨额使用量。

如果是一个名字中的关键词有众多同类的商家，运营微信小程序智慧零售也犯了与之相同的错误，那么，结果很可能就是将用户驱赶至其他微信小程序，这就相当于是挖个坑把自己给埋了。

6.3　小程序如何优化排名

正是因为微信小程序的搜索排名将作为一种场景呈现给用户，所以，许多微信小程序智慧零售商户想方设法提升自身微信小程序的排名。但是，在此过程中，如果方法不正确，结果很可能只能是劳心劳力，却没有得到预想的效果。其实，提升小程序排名是有技巧的，只要掌握了技巧，自然就能事半功倍。本节将为大家详细介绍优化小程序排名的 6 个技巧，希望读者能熟练掌握。

6.3.1　借势热点关键词

在影响小程序搜索排名的各种因素中，最直观的无疑就是关键词。但是用户在搜索时所用的关键词可能会呈现阶段性的变化。具体来说，许多关键词都会随着时间的变化而产生不稳定的升降趋势。

因此，运营者在选取关键词之前，需要先预测用户搜索的关键词，下面笔者从两个方面分析介绍如何预测关键词。

1. 参照热点预测关键词

社会热点新闻是人们关注的重点，当社会新闻出现后，会出现一大波新的关键词，搜索量高的关键词就叫热点关键词。

因此，微信小程序智慧零售商户不仅要关注社会新闻，还要会预测热点，抢占最有力的时间预测出热点关键词，并将其用于微信小程序的名称中。下面介绍一些预测热点关键词的方向，如图 6-11 所示。

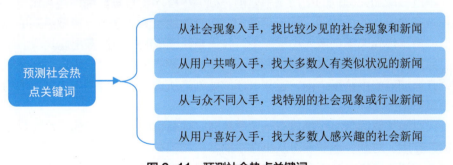

图 6-11　预测社会热点关键词

2. 根据季节预测关键词

即便搜索同一类物品的小程序，用户在不同时间阶段选取的关键词仍有可能会有一定的差异性。也就是说，用户在搜索关键词的选择上可能会呈现出一定的季节性。因此，运营者需要根据这种季节性，预测用户搜索时可能会选取的关键词。

季节性的关键词预测还是比较容易的，微信小程序智慧零售商户除了可以从季节和节日名称上进行预测，还可以从以下方面进行预测，如图 6-12 所示。

预测季节性关键词

- 节日习俗，如中秋赏月、端午吃粽子等
- 节日祝福，如新年快乐、国庆一日游等
- 特定短语，如情人节玫瑰、冬至饺子等
- 节日促销，如春节大促销、元旦减价等

图 6-12 预测季节性关键词

值得一提的是，关键词的季节性波动比较稳定，主要体现在季节和节日两个方面，如用户在搜索服装类小程序时，可能会直接搜索包含四季名称的关键词，即春装、夏装等；节日关键词会包含节日名称，即春节服装、圣诞装等。

6.3.2 增加关键词频率

增加关键词出现的频率，也是提高微信小程序搜索排名一种不错的方法。就算使用了大量的关键词，小程序的搜索排名却因为点击量等其他因素而没有排在最前，但大量的关键词也会第一时间吸引到依据关键词搜索小程序的用户的注意，让其在感觉上就更倾向于选择关键词出现次数多的小程序。

不过在增加关键词的使用频率之前，微信小程序智慧零售商户还需调查选择值得被多次曝光的关键词。这一点商户可以查看朋友圈的动态，抓取近期的高频词汇，将其作为关键词嵌入小程序中，并适当让选取的关键词多出现几次。

另外，关键词的精准程度是影响小程序搜索率的重要因素，所以，在选取关键词并增加其使用频率之前，运营者还需要判断所选取的关键词与小程序的内容是否具有相关性。

只有当关键词与小程序具有一定联系时，才有可能对小程序的搜索排名起到切实的作用。对此，运营者可从小程序的名称和相关介绍这两个方面入手，通过精准关键词的选择，直接命中用户的痛点。接下来，笔者将就这两方面进行具体介绍。

1. 名称中关键词的精准程度

运营者的小程序名称，应该准确地描述出小程序的功能或业务，让搜索的用户一眼就能判断小程序是否实用，而不能靠一些没有实际作用的热词吸引用户眼球。对小程序功能的准确描述是一个关键点。

比如，一个餐饮零售商户的小程序，却因为近期女装时尚等元素流行，而在其小程序中频繁地出现"女装""时尚"等关键词就十分的不合适，这样一来会误导搜索用户，根本不能获得真正提升微信小程序搜索排名预期的效果；二来吸引来的都不是目标用户，对微信小程序智慧零售商户也带不来什么实质性的好处，因此商户在给自家的小程序命名时一定要找准关键词。

2. 介绍中关键词的精准程度

小程序介绍内容中关键词的精准程度，也能影响到微信小程序电商的搜索率，关键词在相关介绍中出现的位置与排名有较大的相关性，因此，运营者最好是将关键词放在小程序介绍的最前面，如第一段或正文最前面的 10 个字内，而且要尽可能加大使用频率，增加小程序内容的全面性。

对于关键词使用频率高的微信小程序，许多人会产生一种错觉，那就是这个小程序中与该关键词相关的信息是最全面的，进而在此基础上理所当然地将它们作为第一选择。所以，在小程序的介绍中，运营者需要尽可能地增加关键词的出现频率，让用户觉得你的小程序内容最全面。

6.3.3　做好自定义设置

为了增加搜索的针对性，微信向小程序运营者开放了自定义关键词功能。运营者可以通过如下步骤，为自己的微信小程序电商自定义关键词。

步骤 01 登录"微信公众平台的小程序"，点击菜单栏中的"推广"按钮，进入"自定义关键词"版块，点击界面下方的"添加关键词"按钮，如图 6-13 所示。

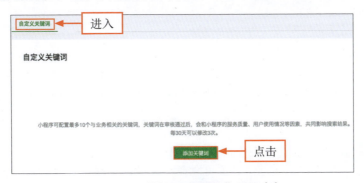

图 6-13　"自定义关键词"版块（1）

需要特别说明的是，只有已经发布的微信小程序，才拥有自定义关键词功能，如果小程序还未发布，那么，进入"推广"界面之后，页面中会显示"暂时无法使用"，具体如图 6-14 所示。

步骤 02 点击"添加关键词"按钮之后，进入如图6-15所示的"添加关键词"界面，在该界面输入关键词，点击后方的"确定"按钮，自行添加关键词。关键词添加完成之后，点击下方的"提交审核"按钮。值得一提的是，微信小程序最多只能添加10个关键词。在具体操作时，运营者一定要结合自身实际情况，选择对微信小程序电商推广效果相对较好的词汇作为关键词进行添加。

图6-14 "自定义关键词"版块（2）

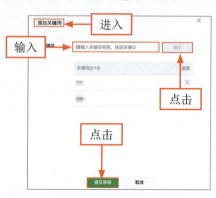

图6-15 自定义关键词

步骤 03 执行上述操作后，自定义关键词添加申请便提交完成。与此同时，"推广"界面中将提示"关键词搜索策略将在××日生效"，如图6-16所示。另外，自定义关键词每个月只能修改3次，因此，运营者在添加关键词时需多一分慎重。

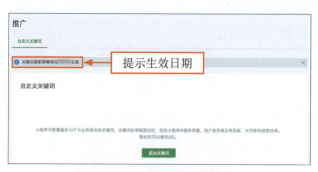

图6-16 自定义关键词

步骤 04 自定义关键词申请提交完成之后，运营者将在7个工作日之内得到申请结果。如果申请通过了，便可以在"关键词管理"版块看到"审核通过，使用中"的字样，并且在每个关键词后方都会显示"审核通过"，具体如图6-17所示。

与此同时"推广"界面中将以折线图的形式表示推广效果，如图6-18所示。微信小程序智慧零售商户可根据这些图的走势，判断自定义关键词获得的推广效果，并决定是否要对关键词进行更改。

图 6-17 "关键词管理"版块

图 6-18 自定义关键词

6.3.4 利用链接来引流

因为微信小程序的搜索排名与用户的使用次数直接相关，而通过链接增加人流量又是增加用户使用次数的重要途径，所以，链接的引流效果也可对小程序的搜索排名场景产生影响。

链接大致可以分为两类，一类是实现小程序内页面跳转的内部链接，另一类是由其他平台跳转至小程序页面的外部链接。单从流量的获取效果来看，外部链接明显要好于内部链接。因此，这一小节笔者将重点对外部链接引流的相关内容进行解读。

搜索引擎判断页面与关键词的相关性，一般都是以页面上含有的元素来进行分析，若页面上多次出现"外卖"，或堆砌相关关键词，搜索引擎就会判断为该页面是与"外卖"相关的内容。这导致许多商家在页面上堆砌搜索次数高的关键词，让搜索引擎误以为该页面与热门关键词有关，实际上该页面的主题内容与关键词没有相关性，页面得到流量后，再诱导用户点击广告，不管用户的体验如何。

虽然这样相关性的排序算法曾经被滥用过，但是不可取，与这样的行为相比，搜索引擎更注重他人的说法，如很多摄影网站都说你的网站是摄影领域的专家，那么，搜索引擎就有可能认为你的网站确实是摄影方面的权威。因此，微信小程序智慧零售商户在导入其他网站链接时若使用其他网站吹捧自己的链接，那么，外部链接的优化就相当成功了。

随着搜索引擎优化的对象越来越多，微信小程序电商要获得外部链接变得越来越难，目前，还比较有效并能快速获得链接的方法，应当是链接诱饵了。链接诱饵主要是从内容入手，需要精心设计和制作，创建有趣、实用的内容来吸引外部链接。下面分别从诱饵制作和诱饵种类两方面进行介绍。

1. 诱饵的提供

微信小程序电商的链接诱饵，最主要的还是内容要有创意，因此，暂时还没有统一的标准和适用于所有情况的模式。在制作小程序链接诱饵时需要注意以下方面，如图6-19所示。

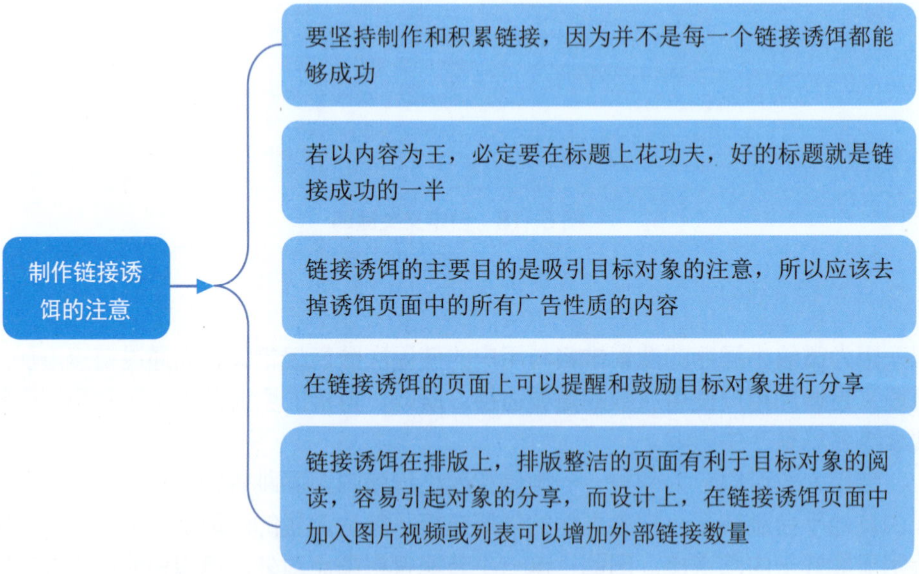

制作链接诱饵的注意

- 要坚持制作和积累链接，因为并不是每一个链接诱饵都能够成功

- 若以内容为王，必定要在标题上花功夫，好的标题就是链接成功的一半

- 链接诱饵的主要目的是吸引目标对象的注意，所以应该去掉诱饵页面中的所有广告性质的内容

- 在链接诱饵的页面上可以提醒和鼓励目标对象进行分享

- 链接诱饵在排版上，排版整洁的页面有利于目标对象的阅读，容易引起对象的分享，而设计上，在链接诱饵页面中加入图片视频或列表可以增加外部链接数量

图6-19　制作链接诱饵的注意

2. 诱饵的类别

链接诱饵有很多种类，小程序运营者可以根据诱饵的种类来思考吸引链接的方法，图6-20所示为链接诱饵的常见类别。

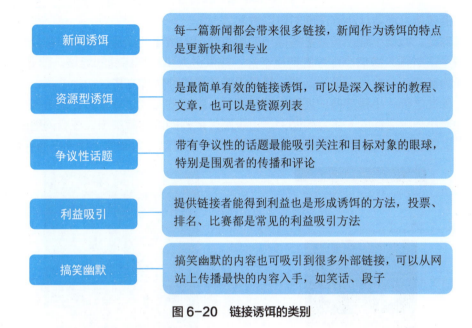

新闻诱饵	每一篇新闻都会带来很多链接，新闻作为诱饵的特点是更新快和很专业
资源型诱饵	是最简单有效的链接诱饵，可以是深入探讨的教程、文章，也可以是资源列表
争议性话题	带有争议性的话题最能吸引关注和目标对象的眼球，特别是围观者的传播和评论
利益吸引	提供链接者能得到利益也是形成诱饵的方法，投票、排名、比赛都是常见的利益吸引方法
搞笑幽默	搞笑幽默的内容也可吸引到很多外部链接，可以从网站上传播最快的内容入手，如笑话、段子

图 6-20 链接诱饵的类别

6.3.5 口碑好评换排名

可能部分小程序商户在看到本节标题之后，会认为争取用户好评与微信小程序的搜索排名并无直接关系，其实不然。从关键词的搜索排行上来看，用户点击量越高的小程序排名越靠前。而许多用户点击某一小程序，很可能是基于其他用户或者某些小程序应用商店的好评。

因此，用户好评实际上就是用户进入小程序之前重点参考的场景，它对微信小程序电商的搜索排名可以说是至关重要。那么，如何争取用户的好评呢？笔者认为，可以通过一定的举措增加小程序内相关产品的好评率，这一点对购物类小程序尤其重要。对此，该类小程序的小程序商户可以通过提高产品质量和服务水平，以及赠送物品等方式，赢得用户的好评。

6.3.6 宣传提高使用率

要想让用户使用微信小程序店铺购物，提高小程序的使用量，小程序商户首先要做的就是制造场景让用户知道微信小程序店铺平台的存在。对此，微信小程序商户可以通过多种渠道从线上、线下分别对微信小程序进行宣传。

1. 线上宣传

线上宣传微信小程序电商平台，除了要让用户知道微信小程序店铺的存在之外，还需要为用户进入小程序提供一个一点即可进入的渠道。也就是说，不仅要多渠道宣传，还要让小程序随时可以进入。

对此，微信小程序智慧零售商户如果有自己的微信公众号，便可以在公众号文章中适时插入微信小程序的链接卡片，提供进入小程序店铺的场景。图 6-21 所示为某微信公众号文章的截图，其采用的便是这种宣传方式。

除此之外，小程序商户还可以通过图片+链接的形式进行宣传。图 6-22 所示为某小程序店铺的一张宣传图片，这张图片最妙的地方就在于，在有网络的条件下，只要点击"狂点下方秒进商城"的下方，便可以进入微信小程序电商平台。

图 6-21　某公众号文章的截图

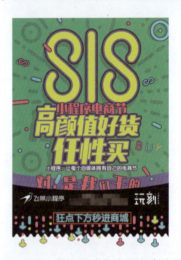

图 6-22　某小程序电商平台宣传图

2. 线下宣传

线下宣传微信小程序电商平台最重要的一点，是让用户知道小程序的同时方便用户进入小程序。虽然线下宣传不能像线上一样，可以让用户点击链接直接进入小程序，但是，小程序商户可以借助二维码，让用户扫码进入。

6.4　小程序的营销策略

营销是一个系统工程，不仅需要采取正确的营销方式，还要掌握必要的营销策略。在小程序的营销过程中，同样也有很多营销策略，如果运营者能够充分运用，那么，营销活动将变得事半功倍。本节依旧以微信详小程序为例，介绍小程序的 3 大营销策略。

6.4.1　用户就是最好的宣传员

当看到"用户就是最好的宣传员"这几个字样时，有的运营者可能会有疑惑，因为微信"运营规范"中的"行为规范"版块明确指出不能诱导分享。

但是，如果仔细看相关内容就会发现，它只是要求运营者别在小程序页面中引导用户分享，至于其他地方，如公众号、线下等，微信小程序既没有提出要求，也没有管理的权利，运营者可以放心鼓励用户分享小程序。

对此，运营者可以把握好机会通过一定的举措鼓励用户分享小程序，如可以在线下举行一次活动，将小程序的分享次数作为评判的标准，对分享次数较多的用户给予一些优惠。这样做，部分用户为了获得福利，势必会以小程序宣传员的身份，帮小程序广发"名片"。随着微信小程序新功能的开放，运营者还可以借助"社交立减金""社交礼品券"等方式，借助用户的关系网，让微信小程序被更多人认知。"拼多多"小程序在"社交立减金"方面就做得很好。

用户进入该小程序之后会看到如图6-23所示的送红包对话框。当用户点击该对话框之后，再会进入如图6-24所示的拆红包界面。而用户要想获得红包，还得点击红包所在的位置，邀请好友参与其中。这样一来，用户为了获得红包，就只能选择充当"拼多多"小程序的宣传员了。

图6-23 送红包对话框

图6-24 拆红包界面

6.4.2 给用户创造使用机会

对于小程序来说，实用性可以说是制胜法宝之一，那么如何体现小程序的实用性呢？其中较为简单和直接的一种方法就是提供特定的实用场景，创造机会让受众使用小程序。这一点对于以功能取胜的小程序来说尤其重要，因为实用场景的创造不仅是增加小程序的使用率，更是对品牌的有效宣传，只要将使用场景做好，便可以争取大量用户。

"摩拜单车"小程序就是一个很好的例子。为了让品牌得到宣传，"摩拜单车"先是以数量取胜，将大量单车放置在道路旁，图 6-25 所示为摆放在路旁的"摩拜单车"。这一举动实际上就是通过随处可见的租赁物——单车方便用户的使用。

用户打开"摩拜单车"小程序，进入默认界面。在该界面中，用户不仅可以清晰地看到离自己最近的单车，减少不必要的找车时间，更可以通过"摩拜单车"小程序直接开锁，如图 6-26 所示。

图 6-25　路边的摩拜单车

图 6-26　扫码开锁

正是因为"摩拜单车"小程序可以通过单车定位和扫码开锁，为用户带来诸多便利，所以，越来越多的用户开始使用该小程序。而在此过程中，该小程序的单车定位和扫码开锁功能，实际上起到的作用就是提供特定使用场景。

6.4.3　尽早入场占据有利位置

要想在一种新生事物中获得发展，方法多种多样，但是如果能及早入场，那么，获胜的概率往往要更大一些。小程序也是如此，如果运营者尽早发布小程序，那么，小程序的发展契机通常也要更多一些。

除了尽早发布之外，微信认证对小程序的发展同样是至关重要的。这主要体现在两方面。一方面，微信小程序接入指南中明确指出："政府、媒体、其他组织类型账号，必须通过微信认证验证主体身份。认证通过前，小程序部分功能暂无法使用"。这也就是说，通过微信认证之后，小程序可以获得更多功能。

另一方面，从用户的角度来看，经过微信认证的小程序相对来说更可靠一些。这就和顾客在挑选食品时，将有检验合格和生产许可标志的食品作为优先的选项是同一个道理。微信认证对小程序这么重要，那么小程序如何进行微信验证呢？对于这个问题，"微信公众平台 | 小程序"中的"微信认证指引"界面进行了具体说明，运营者可以进入该界面了解。微信公众平台中，为用户提供了两种微信认证入口，接下来，将分别进行具体说明。

1. 在"首页"界面验证

小程序运营者可以在"微信公众平台 | 小程序"的"首页"界面，进行微信验证，

具体步骤如下。

步骤 ⓪1 登录"微信公众平台 | 小程序";单击"首页"界面的"认证"按钮,如图 6-27 所示。

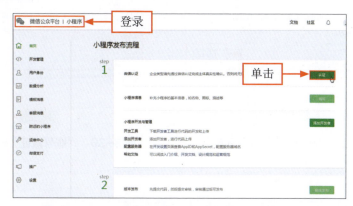

图 6-27 "微信公众平台 | 小程序"的"首页"界面

步骤 ⓪2 操作完成后,进入"微信认证"界面;小程序运营者需要仔细阅读页面中的内容;单击下方的"申请微信认证"按钮,如图 6-28 所示。

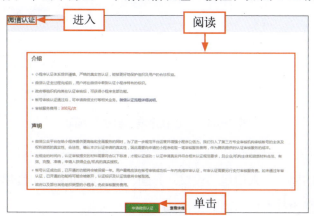

图 6-28 "微信认证"界面

步骤 ⓪3 执行操作后,进入"选择验证方式"界面;选择验证方式;单击下方的"下一步"按钮,如图 6-29 所示。

步骤 ⓪4 完成上述操作后,进入"账号验证"界面;检查手机号码,并在获取和填写验证码之后单击下方"提交"按钮提交微信认证申请,如图 6-30 所示。

步骤 ⓪5 微信认证申请提交之后,相关人员会对信息进行审核。如果审核通过,运营者再进入"小程序发布流程"界面,便会看到界面中"微信认证"一项的后方显示"已完成",如图 6-31 所示。

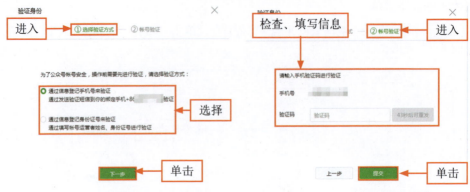

图6-29 "选择验证方式"界面   图6-30 "账号验证"界面

图6-31 "小程序发布流程"界面

2. 在"设置"界面验证

微信认证的另一个入口是"设置"界面，在该界面中，小程序运营者可通过如下操作进行微信验证。

步骤 01 登录"微信公众平台|小程序"，单击左侧菜单栏中的"设置"按钮，进入如图6-32所示的"基本设置"界面。

步骤 02 单击"基本设置"界面"微信认证"后方的"详情"超链接。操作完成后，页面将转至如图6-30所示的"微信认证"界面。

步骤 03 接下来，运营者只需从通过"首页"界面验证的第3步开始，进行同样的操作，便可以完成微信认证。在这里，便不再赘述了。

图 6-32 "基本设置"界面

6.5　小程序的 9 个转化攻略

为什么要做小程序？对于这个问题，许多运营者最直接的想法，可能就是用小程序赚钱赚到手软。确实，小程序是一个潜力巨大的市场。但是，它同时也是一个竞争激烈的市场。所以，要想在小程序中变现，轻松赚到钱，小程序运营者还得掌握一定的成交转化技巧。本节就教大家如何实现小程序转化。

6.5.1　借助大型平台的力量

虽然运营者可以开发自己的小程序，但是，这样做很难在短期内积累起大量用户，而要通过销售获利就更难了。正是因为如此，即便可以开发自己的小程序，许多店铺运营者还是选择借助京东等大型电商平台的小程序进行产品销售，借用他人平台的流量谋求发展。

运营者在大型电商平台的小程序中销售产品的好处在于，这些平台不仅用户基础大，入驻了平台之后，运营者可以同时在 APP 端和小程序端进行店铺经营。而且每个店铺都可以自行进行相关建设，一个店铺的内容呈现并不比单独做一个小程序差。

图 6-33 所示为"京东购物"小程序中"百雀羚京东自营官方旗舰店"的默认界面，从中可以看出，虽然这只是一个店铺，但是其能呈现的内容显然比必大多数单独的小程序少。而且和单独的小程序一样，用户进入"商品详情"界面，也是可以直接购买商品的，具体如图 6-34 所示。

入驻大型电商平台就好比是借他人的舞台来表演，这个舞台给运营者提供了大量受众。所以，借助大型电商平台的小程序进行变现，用户基础通常比较好。

图 6-33　京东旗舰店默认界面

图 6-34　"商品详情"界面

不过大型电商平台就像是一个大蛋糕，人人都想去抢一块，同样的产品会有许多商家在售卖，而平台不会主动推荐你的店铺，如图 6-35 所示。如果自身宣传不够，或者用户搜索不到你的店铺，能够进入店铺的用户可能并不多。

图 6-35　"京东购物"小程序产品搜索界面和"首页"推荐界面

因此，借助大型平台虽然用户基础好，但是，平台内的竞争性也比一般平台要大一些。如果运营者要想让自己的店铺在平台内获得可观的销售量，还得努力提高自身的竞争力。

6.5.2　打造独立的电商平台

在小程序出现以前，运营者更多的是通过 APP 打造电商平台，而小程序可以说是开辟了一个新的销售市场。小程序运营者只需开发一个小程序电商平台，便可在上面售卖自己的产品。而且小程运营者还可以自行开发、设计和运营。所以，这就好比是提供了一块场地，小程序运营者只需在上面搭台唱戏即可，唱得好还是唱得坏，都取决于运营者自身。

小程序对于运营者的一大意义在于，运营者可以通过开发小程序独立运营自己的电商平台，而不必再依靠像淘宝、京东这种大型电商平台。这便给了运营者一个很好地探索个体电商、实现新零售模式的机会。具体来说，无论是有一定名气的品牌，还是名气不大的店铺，都可以在小程序中一展拳脚。如图 6-36 和图 6-37 所示，分别为"唯品会"和某花店小程序的默认界面。

图 6-36　"唯品会"小程序的默认界面　　　图 6-37　某花店小程序的默认界面

从上面两幅图不难看出，无论名气大小，小程序运营者都可以通过打造电商平台，销售自己的产品来实现小程序的变现。当然，要想让用户在小程序中购物，首先得让用户觉得小程序有其他平台没有的优势。

小程序运营者，特别是品牌名气不大的自媒体运营者，单独开发一个小程序，很可能会遇到一个问题，那就是进入小程序的用户数量比较少。对此，小程序运营者需要明白一点，用户在购物时也是"认生"的，运营者在运营小程序的初期，用户或许会有所怀疑，不敢轻易下单。

但是，金子总会发光，只要小程序运营者坚持下来，在实践过程中，将相关服务一步步进行完善，为用户提供更好的服务，小程序终究会吸引越来越多的用户，而小程序的变现能力也将变得越来越强。

6.5.3 促成线上线下的联动

小程序运营者开发小程序的目的不尽相同，有的运营者开发小程序是进行电商创业，有的运营者是增加一个销售渠道，还有的运营者是借助平台，打通线上线下。打通线上线下的方式多种多样，而线上预约到店取货便是其中较为常见的一种方式。

线上预约到店取货就是在线上购买产品，用户自行到线下店铺领取。"CoCo都可手机点单"小程序就是其中的代表。

步骤 01 用户点击"CoCo都可手机点单"小程序，便可进入如图 6-38 所示的"首页"界面，用户点击该界面中的"自助点餐"按钮；便可进入如图 6-39 所示的"定位"界面；选择店铺和取餐时间；点击"选择饮品"按钮。

图 6-38　"首页"界面

图 6-39　"定位"界面

步骤 02 执行操作后，便可在点餐界面点击 ➕ 图标，选择需要购买的产品；并点击"选好了"按钮，如图 6-40 所示。

步骤 03 随后，用户将进入如图 6-41 所示的"提交订单"界面；用户只需点击"去支付"按钮，便可在支付之后，完成线上点餐。而点餐完成之后，用户便可在指定时间内直接去店铺领取购买的产品。

图 6-40 点餐界面

图 6-41 提交点单界面

　　小程序提供的实际上就是一个平台，小程序运营者既可将其作为销售渠道，也可将其作为线上线下的连接点。至于究竟要怎么用，小程序运营者只需根据自身实际情况进行选择即可。

6.5.4　出售卡片先钱后货

　　部分小程序运营者，特别是在线下有实体店的运营者，在小程序的变现过程中探索出一种新的模式，那就是以礼品卡为外衣，在线上出售卡片，让用户先交钱再消费，而自己则先把钱赚了。部分在线下有实体店的小程序运营主体，会通过线上买卡线下使用的方式，打通线上线下，"星巴克用星说"小程序便是其中的代表。

　　步骤01 用户点击"星巴克用星说"小程序，便可进入如图 6-42 所示的默认界面，在该界面中，用户可以选择对应的主题，以"咖啡＋祝福"的方式，向他人表达自己的心意。

　　步骤02 如果用户选择的是"一杯之力"主题，便可进入"感谢有你"界面；在该界面中用户可以选择卡面和礼品（礼品卡就是其中的一种礼品形式）；点击"购买"按钮，如图 6-43 所示。

　　步骤03 执行操作后，进入"留下祝福"界面；选择一个赠送对象（可以是微信好友，也可以是微信群）；编辑祝福语；并点击"送给朋友"按钮，具体如图 6-44 所示。

步骤 04 完成操作后，便可进入"礼品卡"界面；如果显示"已赠送"就说明礼品卡赠送成功了，具体如图 6-45 所示。

图 6-42 "星巴克用星说"小程序的默认界面

图 6-43 "一杯之力"界面

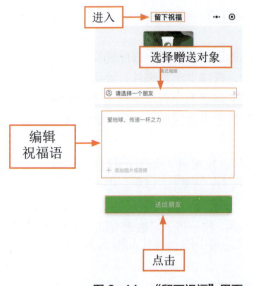

图 6-44 "留下祝福"界面

图 6-45 "礼品卡"界面

中国是礼仪之邦，我们信奉的是"礼轻情意重"，而"星巴克用星说"小程序中的礼品卡则正好适应了国人的送礼需求。并且礼品卡可以用于线下结算，具有一定的可流动性。因此，部分用户，特别是年轻用户会选择通过赠送礼品卡的方式，向他人表达自己的心意。

6.5.5　向用户推出付费内容

我们经常听到一些经济欠发达地区的父母说这样一句话：就算砸锅卖铁也要供孩子念完书。虽然我们不希望听到这样的话语，但是，这些父母的态度也说明了知识对于人的重要性。

也正是因为知识对于人的重要性，这些父母才愿意砸锅卖铁支付学费。这也从侧面说明了，只要是对人有用的知识，那么，它的传授者就应该为其付出获得应有的报酬。其实，在小程序中也是如此。如果运营者是向用户讲授一些课程，便有获得对应报酬的权利。因此，通过开课，收取一定的学费，也是小程序，特别是内容类小程序的一种常见变现模式。

"知识礼物"（即原来的"得到商城"）可以说是通过授课收费模式，进行变现的代表性小程序了。用户进入该小程序之后，可以进入如图6-46所示的"首页"界面。可以看到，在该界面中为用户提供了一些课程，但上面都标了价格。

而点击其中的某一课程之后，便可进入如图6-47所示的课程相关介绍界面。在该界面，用户不仅可以看到课程的相关介绍，还可以购买课程自己用，或者将课程赠送给他人。

图 6-46　"知识礼物"小程序"首页"界面

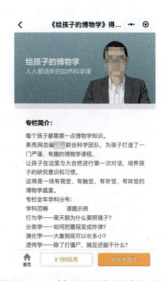

图 6-47　某课程的相关介绍界面

运营者要想通过授课收费的方式进行小程序变现，需要特别把握好两点：一是小程序平台必须有一定人气，否则，即便你生产了大量内容，可能也难以获得应有的报酬；二是课程的价格要尽可能低一点，这主要是因为大多数愿意为课程支付费用的人财力是有限的，如果课程的价格过高，很可能会直接吓跑用户，这样一来，购买课程的人数比较少，能够获得的收益也就比较有限了。

6.5.6 流量主为变现赋能

在流量时代，有流量就等于是拥有了一切。随着时间的发展，人们逐渐发现在互联网中要获得发展光有流量是远远不够的。但是不管怎么说，流量不失为一种有效的推动力。

而对于小程序来说，流量也是一大发展利器。一方面，随着流量的增加，小程序影响力提高，能够获得的成交机会也会相应地提高；另一方面，流量主功能的开放，也让具有一定流量的小程序，拥有了另一种变现渠道，甚至小程序运营者还能凭此获得不错的收益。

"成语猜猜看"可以说是将流量主运用得比较好的一个小程序了。用户进入该小程序之后，便可以看见界面下方的商品推广广告，用户只要点击该广告便可以进入推广信息的相关界面，具体如图 6-48 所示。而随着用户的点击，该小程序也借此获得了比较可观的收益。

图 6-48 商品推广广告的相关界面

6.5.7 运营和广告两不误

流量就是影响力，许多商家为了推广自己的品牌都愿意花钱打广告。而一些小程序流量相对来说又是比较庞大的，所以，这些小程序完全可以在运营过程中为他人和自己的平台打广告，以此在小程序中将流量变现。

以直播类小程序为例，其广告的方式主要有两种，一是在直播界面插入广告；二是直播平台推广广告。接下来，笔者就对这两种直播广告分别进行解读。

1. 直播中插广告

直播中插广告包括：直接对某些产品进行直播宣传和销售、在直播中插入一段广告以及在直播界面的合适位置插入广告等。其中，比较能让用户接受的一种方式是在直播界面的合适位置插入广告。

我们经常可以在某些直播界面的某些位置（通常是界面的边缘）看到一些广告，图 6-49 所示便是采取的这种广告方式。可以看到，在该直播界面的左侧便放置了一个淘宝网址。

图 6-49　某直播的相关界面

相比于其他广告方式，在直播界面的边缘插入广告的优势就在于，主播不用再在直播过程中刻意进行过多的宣传，只要直播还在进行，广告便会一直存在。而且因为不显得那么刻意，所以，通常不会让受众厌恶。

2. 直播平台推广

直播平台是主播聚集之地，热门直播平台的流量可以说是非常巨大的。也正是因为如此，部分广告主会选择直接在直播平台中投入广告。通常来说，直播平台推广广告会出现在用户观看直播的"必经之路"上。

比如，在直播平台默认界面导航栏上方的活动推广页，对广告主的相关信

微商、朋友圈、公众号、小程序、自媒体、自明星营销全攻略（第2版）

息进行推广；又比如在直播间页面下方插入广告，为广告主提供一个链接。图 6-50 为部分直播平台的推广广告。

图 6-50　部分直播平台的推广广告

因为广告有引导行为之嫌，所以，部分受众对广告是比较厌恶的。因此，在直播过程中，运营者可以适当地通过广告在小程序中变现，但是，一定要节制，不要让广告影响了受众的心情。

6.5.8　有偿为用户提供服务

小程序变现的方法多种多样，运营者既可以直接在平台中售卖产品，也可以通过广告位赚钱，还可以通过向用户提供有偿服务的方式，把服务和变现直接联系起来。向用户提供有偿服务的小程序并不是很多，但也不是没有，比如，"包你说"小程序便是其中之一。

用户进入"包你说"小程序之后，便可见到如图 6-51 所示的默认界面，而在该界面中输入赏金的具体数额之后，界面中便会出现"需支付……服务费"的字样。图 6-52 所示为赏金数额为 1 元时的相关界面。

虽然该小程序需要收取一定的服务费用，但是，因为费用相对较低，再加上其具有一定的趣味性。所以，许多微信用户在发红包时还是会将该小程序作为一种备选工具。尽管该小程序收费比例比较低，不过随着使用人数的增加，该小程序积少成多，借助服务，也获得了一定的收入。

在为用户提供有偿服务时，小程序运营者应该采用"薄利多销"的策略，用服务次数取胜，而不能想着一次就要赚一大笔。否则，目标用户可能会因为服务费用过高而被吓跑。

图 6-51 "包你说"默认界面

图 6-52 赏金为 1 元时的相关界面

6.5.9 借融资增强变现能力

对于小程序运营者来说，个人力量是有限的，小程序平台的发展有时候还得进行融资。融资虽然并不是让小程序平台直接赚到钱，但是，却能大幅增强电商平台的实力，从而提高变现能力，实现曲线变现。

在金融市场中，资金通常是往投资者认为最有利可图的地方流动的。因为2017 年以来，小程序的发展势头较为强劲，所以，许多投资方也比较看好这块"蛋糕"，纷纷将小资金投入小程序行业。

图 6-53 所示为 2018 年 3 月和 4 月小程序融资情况，从中便不难看出小程序对于投资者的吸引力。

小程序运营者可以通过对这些融资案例的分析和总结，找到适合自身小程序的融资方案，为小程序平台找到强劲的"外援"。从而让自己的小程序平台获得更大的发展推力。虽然融资可以增强小程序平台的变现能力，但是，小程序运营者还得明白一点，投资方不会想做赔本买卖，小程序平台要想获得投资，还得让投资方看到你的小程序的价值。

另外，融资毕竟只是增强变现能力的一种催化剂，小程序平台的变现能力终究还是由运营能力决定的。因此，小程序运营者应该重点提高运营能力，而不能只是一味地坐等他人投资。

融资时间	项目	简介	融资
2018 年 4 月	礼物说	礼物电商导购平台	C 轮 ¥1 亿
2018 年 4 月	靠谱小程序	智能小程序工具平台	A 轮 ¥数千万
2018 年 4 月	亿年	相册备份工具	A 轮 ¥1000 万 亦联资本领投，中文在线跟投
2018 年 4 月	八十二十	微信小程序技术服务提 供商	天使轮 ¥500 万
2018 年 3 月	SEE 小电铺	自媒体电商联盟	C+轮 $数千万 红杉资本领投，前海方舟资本，丹合资本， IDG 资本 BAI、晨兴资本跟投
2018 年 3 月	LOOK	时尚内容聚合电商平台	A 轮 $2000 万 GGV 纪源资本、峰尚资本领投，策源创投、 紫辉创投、真诚资本跟投
2018 年 3 月	V 小客	小程序社交电商平台	天使轮 ¥4000 万 IDG 资本领投
2018 年 3 月	好物满仓	个性化社交电商平台	A 轮 金额未知 腾讯，红杉中国
2018 年 3 月	可可寄货	场景零售电商平台	天使轮 ¥1000 万 前海百川基金，乾元坤一、刘滨琪
2018 年 3 月	金客拉	金融社交及业务撮合小 程序	A 轮 ¥1000 万 浅石创投

图 6-53 2018 年 3 月和 4 月小程序融资情况

第7章

自媒体：内容等于传播，流行等于流量

学前提示

在自媒体迅速发展的当下，各大行业也开始纷纷利用自媒体平台来提升自身的行业竞争力。但在运营之前，自媒体人应该明确自己的主题内容，并利用好营销内容中可以带来流量的方面。本章就从这几个方面对今日头条、抖音、喜马拉雅、公众号以及快手的自媒体运营内容进行讲解和分析。

- 图文自媒体：今日头条
- 短视频自媒体：抖音 APP
- 多元化自媒体：喜马拉雅、公众号、快手

7.1　图文自媒体：今日头条

今日头条可以说是一个名副其实的内容资讯 APP，且该平台的内容以图文资讯为主。现在很多企业、商家、自明星、自媒体人都将今日头条这一平台作为其新媒体运营和营销的途径之一。本节为大家详细介绍在今日头条上如何打造高推荐量的图文内容。

7.1.1　了解头条号基本发文规范

俗话说："没有规矩不成方圆"，今日头条的内容推送也不例外，它是有着一定的规范的，不能任由账号管理者和运营者随意操作。只有符合平台规范的内容，才能保证其质量并推广开来，而不符合规范的推送内容，是不能通过审核或被推荐的，甚至还可能因为严重违规而被封禁。

基于此，运营者在今日头条平台上发文时，会发现图文编辑页面右上角有一个"发文规范"按钮，单击进入相应页面，即可看到在平台上发文的格式和内容方面的规范，如图 7-1 所示。

图 7-1　头条号作者发文规范部分内容展示

由图 7-1 可知，发布头条号内容应该注意两个方面的规范，具体内容如下所述。

1. 格式正确：文章完美布局的基础

运营者在今日头条平台上发文，注意格式的正确性非常重要，尤其是在移动互联网时代，平台后台排版最初的效果与显示在手机终端屏幕上的效果是完全不同的，如果在格式不正确的情况下推送出去，如在段落上划分不明确、缺少标点等，就有可能完全改变文章的布局。

1) 标题格式规范要点

人们常说，"眼睛是心灵的窗户"，标题就如同文章的眼睛。通过标题，读者可以清楚地感知文章的内涵和作者所要表达的意思，因此，在撰写标题时要格外注意。当然，这里说的是基本格式上的问题，而不是说标题应该如何出彩。

从格式上来说，今日头条平台上推送内容的标题，应该注意5个问题：第一，标题中不能出现错别字；第二，标题中不能出现繁体字；第三，标题中不能出现特殊符号；第四，要保持标题内容语句通顺；第五，不能使用全外文（如英文）。

2) 正文段落格式不能出现的瑕疵。

头条号发文的段落格式，在这里主要介绍3种不能出现的瑕疵，如图7-2所示。

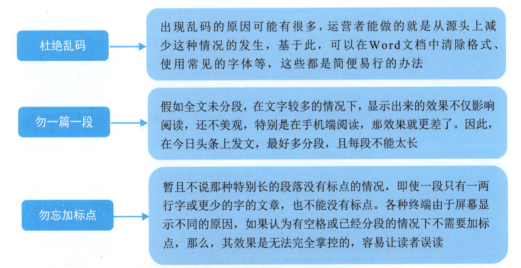

杜绝乱码	出现乱码的原因可能有很多，运营者能做的就是从源头上减少这种情况的发生，基于此，可以在Word文档中清除格式、使用常见的字体等，这些都是简便易行的办法
勿一篇一段	假如全文未分段，在文字较多的情况下，显示出来的效果不仅影响阅读，还不美观，特别是在手机端阅读，那效果就更差了。因此，在今日头条上发文，最好多分段，且每段不能太长
勿忘加标点	暂且不说那种特别长的段落没有标点的情况，即使一段只有一两行字或更少的字的文章，也不能没有标点。各种终端由于屏幕显示不同的原因，如果认为有空格或已经分段的情况下不需要加标点，那么，其效果是无法完全掌控的，容易让读者误读

图7-2　今日头条平台文章的段落格式要注意的问题

3) 正文文字格式额外应注意的问题

在正文文字格式方面，与标题中的部分内容相似，如全部内容使用繁体字、外文文字（如英语）和少数民族文字等，这种做法是不允许的。当然，这里的内容包括视频内容，且在视频内容中，除了上述情况外，还不能出现没有翻译成汉字的字幕。

2. 内容规范：成功推送的必备要素

运营者在保证格式正确的前提下，保证推送内容在内容上的规范性更是重中之重。相较于格式而言，内容要注意的方面明显更多，要想把这些规范熟练掌握，并在运营中能得心应手地进行操作，掌握一定的方法和更加具体的内容是必要的。

下面从 8 个方面讲述不宜发送的内容，如图 7-3 所示。

一忌不要发标题党内容	标题党内容包括两种：一是题文不符，二是过度夸张，它们都是从吸引读者点击的目的出发而出现的不当的发文行为
二忌色情低俗内容	通过不同形式的内容对性部位和性行为进行表述、展示，或者低俗下流的艺术、声乐作品，都应该避免在内容中出现、涉及
三忌广告信息内容	在今日头条平台上，发布广告信息是正文内容要避开的一大行为，特别是与个人相关的各种关联账号信息、商品信息等
四忌旧闻、重复内容	如果运营者发布的是具有时效性的内容，则不应该出现由进行时、未来时变成了过去时，或是已经废止的内容； 即使那些还有一定意义的其他方面的已经发生了的消息内容，其发布方式也不能随意选择，最主要的是不能把它当作新近发生的事件来写； 然而无论是哪一种，都应该避免重复发布
五忌不真实内容	这里的不真实不单单是指那些与现实生活的真实事实不符的，还包括那些不符合生活常识和科学常理的、随意捏造的内容，这也是头条号作者要注意避开的
六忌低质量内容	与优质相关，这里的低质量涉及文章、视频和图片等，一是在数量上，内容或是篇幅太短(文字内容)、图片太少(图片或图集内容)；二是内容本身表达效果不佳，如视频内容声画方面(不清晰、不同步等)、图集内容主题方面(不清晰)
七忌违背现行政策与法律法规内容	作为一个公民，人们的行为应该合理合法，而在头条号发文的行为也是其中一种，运营者必须保证发文的内容是现行政策、法律法规允许的
八忌超范围内容	今日头条平台上的内容并不是囊括所有领域的，如社会评论和评论性文章、时政类文章，以及其他一些与国家政府机关事务相关的内容

图 7-3　今日头条号作者在发文内容方面的规范介绍

7.1.2　参与活动，曝光、获利两相宜

　　运营者在编辑和发表图文内容时会发现，在"发表文章"页面的下方，有一个"参与活动"设置区域，如图 7-4 所示。

图 7-4　"参与活动"设置区域

　　运营者单击活动名称，就可进入相应页面了解活动内容，然后再决定是否参与活动或参与哪一个活动。例如，一个健康领域的头条号，那么它就可以选择名为"真相来了"的活动。只要你创作的内容足够优质，那么该内容就可以获取很多优先资格，如优先入选"青云计划"奖励榜单和年度签约机会，优先获得官方头条号转发。从中可知，参与这一活动的优质内容可获得更多曝光机会，同时还能提高头条号的知名度和获取实实在在的利益（如"青云计划"奖金）。

　　当然，头条号参与其他活动，也是可以获得相应奖励的，然而无论是哪一种活动，对于头条号而言，都是一个有助于内容推送和头条号推广的好机会，运营者应该积极创造相关内容参与活动。其实，不仅图文内容有相应活动可供参与，头条号推送视频内容时，也是有很多活动能够让头条号既扬名又获利的。图 7-5 所示为发表视频内容时显示的各项活动内容。

图 7-5　发表视频时的"参与活动"设置区域

　　当然，运营者要注意的是，无论是"发表文章"页面还是"发表视频"页面，上面的活动并不是固定不变的，而是会随着活动的终止和推出发生变化的，因此，头条号运营者应多加关注。

7.2　短视频自媒体：抖音 APP

抖音短视频以其年轻、新潮的特点，呈现出了令人惊叹的增长势头，拥有庞大的用户流量池，能够给自媒体人带来巨大的曝光率和流量。本节为大家介绍在抖音平台利用短视频吸粉的方法。

7.2.1　成为热门抖音引流

抖音的用户一般都是直接刷推荐页面或者抖音热搜榜，而且他们关注的博主也比较多，如果抖音自媒体人不能上热门被推荐的话，就很难获得用户的关注，想要引流就必须上热门，所以下面为大家介绍上抖音热门的几个要点。

1. 内容是否原创

作品必须是原创，这是上抖音热门的首要条件，不过很多人准备做抖音的原创视频后，不知道应该拍摄哪些内容，选择内容其实并不难，可以从 4 个方面切入：第一，如果自媒体人有舞蹈或唱歌功底，那么可以学习热门的歌曲、舞蹈，简单一点的还有手势舞等；第二，可以记录自己在旅行过程中看到的美景；第三，可以记录自己在生活中发生的一些有趣的事情；第四，可以学习一些热门的表情段子，再通过视频展现出来。

其次，还可以站在粉丝的角度思考一下希望看到什么样的内容，即便是不站在粉丝的角度，也可以回想一下自己平时爱看什么类型的视频。一般来说，轻松幽默类的视频是我们都爱看的，一些情感类和正能量的视频也很受欢迎，所以自媒体人在拍摄视频时可以遵循这个出发点。

2. 视频是否完整

在拍摄短视频时，哪怕视频最多只能有 15 秒，也必须保证内容的完整性，其次还需要注意视频的时长，比如视频内容只有 6 秒的话，是没办法被推荐的。必须保证视频的时长是足够将内容完整展现出来的，千万不要发布没有完整内容的视频，以免用户看后一知半解。

3. 内容是否有水印

因为是在抖音平台上发布视频，所以自媒体人在发布的时候要保证视频内容里面没有其他 APP 软件的水印，另外使用不属于抖音的特效或贴纸视频也可以发布，但不会被抖音推荐。

4. 视频内容是否有质量

即使抖音是一个非常追求高颜值的平台，也始终将视频内容放在第一位，只有内容优质才能长久地留住用户。因此想要上抖音热门，高质量的内容是必不可少的，那怎样的内容才算是高质量的内容呢？其实在前面已经为大家总结了一部分，高质量的内容包含四点：第一，有创意、有看点的原创内容；第二，视频内容完整无残缺，时长控制得当；第三，视频内容简洁，没有杂乱的背景和其他APP 的水印等；第四，视频清晰度高，看起来不费力。

抖音视频的吸粉不是一两天就可以看到成效的，所以自媒体人要持续稳定地拍出一些高质量视频，并且在这期间要维持好和粉丝的关系，多学习一些比较热门的东西作为拍摄视频的素材。

5. 参与活动是否积极

要积极踊跃地参与抖音平台推出的活动，因为一般参与活动之后，只要视频的质量不差，都能够获得可观的推荐量，增加上热门的机会。

现在抖音平台已经引入了"抖音小助手"来引导大家学习抖音的各种功能，自媒体人在发布视频时，也可以积极利用 @ 抖音小助手，提升自己被推荐的机会。如图 7-6 所示，为 @ 抖音小助手上热门的抖音号。

图 7-6 @ 抖音小助手的抖音号

7.2.2 打造爆款短视频

抖音上经常会出现一些大火的视频内容，而对于自媒体人来说，不能只看到别人的成功，更需要从别人的成功中总结、分析出要点，然后打造出属于自己的爆款视频。下面就与大家探讨如何打造爆款短视频内容。

1. 符合大众期待的美

人人都追求并且喜爱美，在抖音平台上更是这样，因为抖音上的大多数活跃用户都是年龄不超过 25 岁的女生，喜欢那些高颜值的帅哥美女。在抖音平台上有一张好看的脸，营销就成功了一半，不管拍什么样的视频内容都会有很多人看，所以自媒体人在拍摄抖音视频时也可以通过化妆、美颜等方式，让自己看上去有一个好的外观形象。如图 7-7 所示，这些评论充分体现了抖音用户对于高颜值人的喜爱。

图 7-7　抖音用户的评论

2. 让观众产生爱和信任

最能够让观众产生爱和信任的事，应该就是情感攻势了，无论是爱情、亲情、友情还是对家乡的思念之情，都能够让观众产生共鸣，建立情感信任。比如之前引发抖音用户广泛关注和转发的情感类短视频，如图 7-8 所示，视频内容是博主的奶奶在给博主塞钱，是非常真情流露的一则短视频，再配上文字"从小比爸妈还疼我的奶奶"以及"妈妈不老"的音乐，能迅速让观众产生情感共鸣。

3. 靠"萌"吸引用户

在抖音平台上，一些可爱的美少女、婴儿以及猫、狗等小动物的视频是非常热门的，那么这些视频为什么会成为热门呢？因为视频里的角色很"萌"。如图 7-9 所示，走可爱年幼风的少女很容易受到大家关注。

其实"萌"这个字以前在中国是指萌芽、发生的意思，比如《韩非子·说林上》中"见微以知萌"的"萌"就是发生、发展的意思。后来由于日本动漫中萝莉角色的流行，"萌"这个字就被用来形容二次元的萝莉少女了，体现人们对这类角色的喜爱。再后来，"萌"从二次元走向三次元，被用来形容卡通玩具、小动物、真人等。

图 7-8 情感类的抖音短视频

图 7-9 大众喜爱的可爱风格视频

根据这个发展规律我们可以得知，具有"萌"属性的角色之所以能够受到大众的喜爱，就是因为这些角色无害、有亲和力，并且能激发人们的保护欲。

4. 用真实事件点燃用户

一般来说，点燃用户内心的事件主要有以下两种类型。

一是高高在上的明星被曝出非常接地气的事件或是比普通人更艰辛的过往。

二是一些基层的普通人逆袭成为大众钦佩的偶像。

比如在之前一档《中国诗词大会》的节目中，一名外卖小哥击败众多有实力的对手，获得节目第三季的总冠军，引发了大众的广泛关注，如图7-10所示。这就是一个普通人逆袭为大众偶像的故事，而这样的故事之所以能够感动大众的内心，就是因为它让大多数普通人有了奋发向上的动力。

图7-10　点燃用户内心的事件

5. 专注并将其做到极致

专注跟极致的意思是指，自媒体人长时间保持下来一个大部分人都不会的特长，在如今信息迅速扩散的时代，有一个特长就能形成广泛的影响力，并且这种特长必须是经过长时间练出来的，普通人难以模仿。比如抖音上很火的博主"黑脸V"就是靠着自己独特纯熟的特效视频俘获了大批粉丝，目前的粉丝量有2550多万。如图7-11所示，为"黑脸V"的抖音短视频。

6. 有实用价值的知识型内容

有实用价值的知识型视频内容不管是在哪一个平台，都会有很多用户点击，因为可以学到东西，大家自然都愿意点开观看，那么有实用价值的知识型视频跟一般知识型视频有什么不同呢？主要有以下两点。

第一，有实用价值的知识型视频针对性更强，它是为了解决一个生活中的问题而存在的，并不只是单纯地进行知识讲解；比如说护肤的知识型内容就是为了解决用户皮肤不够好、不会护肤的问题。如图7-12所示，为美食制作教程的抖音博主视频。

图 7-11 "黑脸 V"的特效视频

图 7-12 美食博主的抖音视频

第二，有实用价值的知识型内容必须具备切实的行动步骤和方案，也就是分解步骤，让观众能够知道操作的详细过程，便于理解和学习。依旧以上一个美食博主为例，制作美食的每一个步骤博主都会进行讲解，如图 7-13 所示。

图 7-13　抖音上的美食教程

7．用创新赢得用户关注

现在对经典进行解读也是引发大众讨论和关注的好方法，比如香港电影中的经典角色"东方不败"被抖音自媒体人以短视频的形式演绎之后，引发了很多用户点赞关注，如图 7-14 所示。其次在抖音平台上一些恶搞类的短视频也深受大众喜爱，如图 7-15 所示。

图 7-14　演绎经典角色"东方不败"

抖音/快手用户更喜欢看的短视频类型

类型	抖音	快手
搞笑/恶搞类	82.3%	69.6%
技能展示类	56.0%	55.1%
日常生活类	54.1%	39.9%
教程类	43.3%	38.6%
歌舞表演类	35.7%	23.4%
颜值类	31.7%	23.4%
风景类	23.2%	18.4%
游戏类	18.7%	21.5%

图 7-15　搞笑 / 恶搞类的视频在抖音、快手等短视频平台上非常火爆

7.2.3　建立抖音营销矩阵引流

抖音矩阵是指通过同时运营不同的账号，稳定地在抖音平台吸粉导流。想要打造抖音矩阵，团队协作是必不可少的，因此自媒体人在运营抖音矩阵之前，要先配置 1～2 个主播、1 个后期剪辑人员、1 个推广营销人员和 1 个拍摄人员，只有这样抖音矩阵才能顺利地运营。

抖音矩阵的优势在于可以多元化地展示内容，吸引不同喜好的粉丝，全方位提升粉丝数量；还可以通过两个或两个以上的账号来凸显自身的特点，从而扩大影响力。

比如抖音号"潘多拉英语 by 轻课"和"Crystal 克里斯托"就是同一个运营团队，如图 7-16 所示。

图 7-16　运营抖音矩阵的账号

虽然是同一个运营团队，这两个账号发布的内容却存在着差异，"潘多拉英语 by 轻课"推出的视频是英语口语的教学，而"Crystal 克里斯托"推出的视频却是一些才艺展示，以唱英文歌为主，能够吸引不同喜好的用户。

抖音矩阵能在很大程度上降低账号运营的风险，多个账号一起运营，无论是做活动还是引流吸粉都可以获得很好的效果。但在打造抖音矩阵时，还需要注意以下 3 点。

- 注意账号的行为，遵守抖音规则。
- 一个账号一个定位，每个账号都有相应的目标人群。
- 内容不要跨界，小而美的内容是主流形式。

自媒体人一定要重视抖音矩阵的账号定位，也就是说抖音矩阵的账号定位必须准确无误，并且跨度尽量不要太大，以免精力分散做不出成果，要让主账户在发展的同时也带动子账号的发展。

7.3　多元化自媒体：喜马拉雅、公众号、快手

这个时代无疑是在朝着多元化的方向发展，自媒体的形式也不例外，现在不仅有文字自媒体、视频自媒体，更有音频自媒体。

在音频自媒体中，喜马拉雅这个平台不可谓不火爆；文字自媒体中公众号绝对是不可忽视的存在；视频自媒体中快手与抖音又有所不同。各具特色的喜马拉雅、公众号和快手自媒体平台早已被自媒体人熟知，但这 3 个自媒体平台该如何利用起来，为自媒体人带来更多的粉丝呢？本节主要与大家探讨这个问题。

7.3.1　喜马拉雅音频自媒体引流

喜马拉雅 FM 是国内顶尖的音频分享平台。用户可以在平台上传、收听各种音频内容。它支持手机、电脑、车载终端等多种智能终端。在该平台官网的推荐首页，推荐了 6 个比较热门的音频节目。

在热门推荐下，还有平台的小编推荐频道。下面为大家详细介绍自媒体人入驻喜马拉雅平台引流涨粉的方法。

喜马拉雅平台的用户除了收听音频节目外，还可以进一步申请成为主播，从而在平台上发布自己的音频内容。如图 7-17 所示是成为主播的具体演播流程。主播可以在平台上领取音频任务，从而获取收益。任务的收益有分成、保底等多种方式，主播拥有有声作品的广告收益和打赏分成。

喜马拉雅的音频任务有很多，例如实体书籍、网络书籍、绘本读物、报纸杂志等，都是常见的发布演播任务的来源方。领取任务后演播的音频一旦被发布方认可，那么收入大多会比较丰厚。

图 7-17 喜马拉雅主播的演播流程

图 7-18 所示是名为"独白者"的音频任务详情页面，任务发布方要求参选者按照提供的素材，进行一段时长 5 分钟左右的演播，目前该音频任务已经有 50 多人参选。

图 7-18 喜马拉雅"独白者"音频任务详情页面

对个人或企业而言，可以利用喜马拉雅平台来搭建自己的自媒体平台，也可以通过与其中的自媒体合作来推广产品。例如，上文的《独白者》作品，就是通过发布音频悬赏来寻求合作者，通过打造音频产品来扩大营销，获得粉丝的。

7.3.2 公众号自媒体植入爆款关键词引流

在互联网时代，各企业商家往往想尽办法在搜索引擎上进行优化，以提高自己的排名和点击量。那么，我们应该从哪些角度掌握优化搜索的技巧，才能使软文的排名更加靠前，从而传播得更加广泛呢？下面将专门介绍 3 种优化搜索的方式，帮助公众号自媒体人提升软文阅读量，获得粉丝。

1. 百度指数

百度指数是一个研究关键词的工具，主要以图表的形式显示关键词的搜索量和变化，包括指数探索、数说专题、品牌表现以及我的指数栏目。虽然百度指数是对百度搜索进行的关键词统计，但在这个移动互联网还没有完全统一的领域，网络用户的网站搜索趋势可以代表移动端搜索的趋势，而百度又是人们已经习惯的搜索网站。因此，我们要多多关注百度指数的关键词动态。

以"摄影"这一关键字为例，在百度指数搜索框输入它，便会出现如图7-19所示的页面。我们可以看到，这里会展示"摄影"一词的趋势研究，即它的"搜索指数概况"和"搜索指数趋势"。根据图上显示，近一周来"摄影"一词的搜索有所下降，整体的趋势则是有涨有落。

图7-19 "摄影"一词的百度指数页面

2. 网络关键词

基于互联网和移动互联网迅速发展环境中的大数据应用，网络上能搜集到无数个关键词，企业对于在公众号上主要推广的软文，应该把握好网络关键词的推广。因为网络上的关键词一般都与当时网民们所关注的热门事件有关，如果企业及时地利用热门事件进行微信软文营销，把网络上的关键词融入其中，一定能引起很多网民的注意，达到软文的较高境界。

一般我们可以利用搜狗浏览器的微信搜索进行关键词的认真挑选，它会把微信最新的订阅关键词和热点关键词显示出来，企业可以快捷地找到适合自己产品的公众号关键词。此外，我们还可以通过移动端，直接搜索微信中的热门关键词，如图7-20所示为微信热词的搜索页面。

图 7-20　微信热词的搜索页面

如果想通过热点推广产品，可以借助这些热门关键词来撰写软文内容。不过需要注意的是，不可生搬硬套，要软性植入，读起来没有违和感。

3. 软文关键词

软文可以恰当完整地把商品信息展现在读者面前，能够起到正面描述与推广产品的作用。这不得不归功于软文中关键字的设置，如果软文中没有嵌入与产品信息相关的字眼，那么是很难起到推广和宣传作用的。因此，软文中关键词的设置是至关重要的。在微信平台上，软文的关键词主要是针对微信上的文章。通过微信搜索，用关键词进行搜索定位，大家往往会选择打开在搜索排行榜前列的公众号和文章。

那么该如何计算关键词的搜索排名呢？企业可以利用"SEO"（即搜索引擎优化）来获取关键词搜索排名。"SEO"是专门利用搜索引擎的搜索规则，提高目前网站在有关搜索引擎内自然排名的方式。以"手机摄影构图大全"为例，如图 7-21 所示为其微信公众平台推送文章内容的相关展示。

可以看到它的标题、内容以及链接都设置了"构图"这一关键词，这是搜索引擎优化的表现。这时我们在微信"搜一搜"中来搜索"构图大全"一词，就会出现相关的信息，如图 7-22 所示。

4. 思考用户关键词

如果在微信平台进行软文营销，就应该借助其社交属性，消除人与人之间的距离感。要想知道用户如何进行搜索，就要从用户的角度去思考、选词。

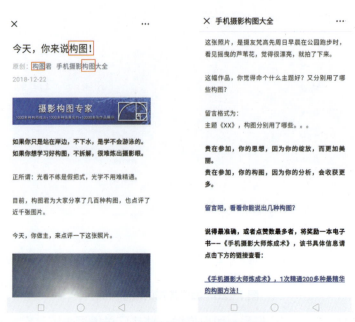

图 7-21 优化搜索引擎的案例展示

图 7-22 微信搜索"构图大全"一词呈现的内容

那么，具体来说，我们应该怎样从用户的角度进行思考呢？笔者将其要点总结为如图 7-23 所示的 3 点。

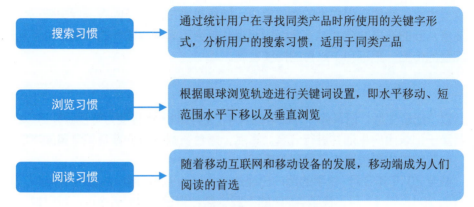

图 7-23　从用户角度思考关键词的要点

5. 分析对手关键词

《孙子·谋攻篇》道："知己知彼，百战不殆。"因此，在设置关键词时，我们最好多多了解对手的公众号，搞清楚他们的关键词和布局情况，这样不仅能找到优化漏洞，还能掌握目前关键词的竞争热度，以便进行人力优化部署。

从对手的角度出发，思考关键词是为了更好地学习他人的长处，借以弥补自己的不足。那么，在思考关键词的时候，究竟应该如何向竞争对手借鉴呢？笔者将其方法总结为以下 3 点。

(1) 在微信搜索中搜索与自己产品相关的关键词，重点查看和摘录在搜索中排名靠前的关键词，然后作对比分析。

(2) 在网站上查询与搜索显示出来的排名靠前的公司信息，或直接在微信搜索中搜索这些公司的公众号，然后分析他们的网站目录描述或公众号功能介绍，查看核心关键词或辅助关键词，统计出竞争者名单。

(3) 分析自己公众号上的客户信息，将客户购买的产品信息中出现的关键词统计出来，可将关键词的重要程度进行分类汇总，找出客户关注的重点关键词。

值得注意的是，我们从对手的角度出发设置关键词的时候，需要花费比较多的时间和精力，但也应该多多把握细节，不能因为耗时耗力就随便敷衍了事。

6. 时尚热点关键词

谈论八卦是人们生活中不可缺少的娱乐方式，不论是明星的服装搭配、妆容技巧，还是名人的花边新闻、结婚生子等消息，都能引起广大普通老百姓的热烈关注，而且还形成了"粉丝"这一固定的追星群体。

因此，在设置软文关键词时，我们完全可以紧贴时尚热点，时刻关注八卦新闻，进而将娱乐与软文营销结合起来，获得理想的营销效果。一般八卦新闻类的公众号也比较容易吸引广大的微信用户，如果想通过八卦新闻来选择关键词，需要注意八卦的选择方向，过于负面的明星八卦会引起明星粉丝的不满，也不利于正能量的传播，更不利于账号的持续发展。

7.3.3　快手直播内容引流

以"记录生活，记录你"为口号的快手，自 2012 年转型为短视频社区以来，就着重于记录用户生活并进行分享。其后，随着智能手机的普及和流量成本的下降，这款手机应用也迎来了发展的春天。

截至 2017 年 3 月，快手的用户已经达到 4 亿，日活跃用户数也达到 4000 万。发展到 2018 年 11 月，快手 APP 的下载安装数量已有 41 亿多次。可以说，在各款短视频中，快手的下载安装数量次数是最多的。

在笔者看来，快手发展得如此迅速，是与其 APP 的特性和热门综艺认证分不开的，如图 7-24 所示。

图 7-24　快手 APP 详情介绍

就如图 7-24 中提及的滤镜和魔法表情，就是喜欢拍摄短视频的运营者需要用到的，快手在这方面还是有一定优势的，特别是在种类和效果上。图 7-25 所示为快手的部分滤镜和魔法表情展示。

在快手推广视频时，为实现上热门的吸粉运营目标，可以设置双标题或多标题。其操作为在视频编辑页面，点击"更多"按钮，展示更多功能；点击"文字"按钮，进入"文字"页面；选择标题背景和形式，输入文字设置第一个标题；完成后再次选择标题背景和形式，输入文字设置第二个标题，如图 7-26 所示。这样设置后的视频，就会在播放时在相应位置显示设置的字幕和标题，如图 7-27 所示。

图 7-25 快手的部分滤镜和魔法表情展示

图 7-26 快手短视频的双标题设置操作

图 7-27　快手短视频的双标题设置效果展示

很多自媒体人拍摄短视频上传到快手后，视频的播放量却没有获得预期的效果，那么我们怎样才能让拍摄的视频成为热门，获得更多关注呢？这就需要注意以下几个重点。

第一，用快手自带的相机拍摄，这样快手平台可以断定视频作品是原创，相对而言会给比较多的流量推送。

第二，用最近比较热门的歌曲、话题等作为视频拍摄的素材，这是能够让视频获得关注的捷径。

第三，拍摄能够引发用户共鸣和讨论的视频内容，让视频自带话题，提升整部作品的关注度。

第 8 章

社群：全方位解读社群营销推动产品

学前提示

　　社群营销并不是简简单单地建立一个群就能进行成功的营销活动，而是需要掌握社群营销的关键点、要点、要素、步骤，才可能慢慢将社群营销雏形变成熟。本章将详细讲解在社群营销中需要掌握的营销方法。

- 社群经济：掌握营销的 3 大关键
- 社群营销：6 大要点 +3 大要素
- 社群营销：3 大步骤不可或缺
- 社群运营：高级社群是这样炼成的
- 社群 O2O：社群如何"燥起来"

8.1 社群经济：掌握营销的 3 大关键

对于很多企业来说，"粉丝经济"几乎与"社群经济"画上了等号，而事实上并不是这样，企业只要掌握了本节的 3 大关键就能很好地打破"粉丝经济"="社群经济"的说法，让企业进一步了解"社群经济"，走进"社群经济"。

8.1.1 关键点 1：产品或体验极致 + 传播内容的用心

如今对于不少企业来说，是一个"社交红利时代"。在这个时代里，只要有谁懂得社交、懂得传播，就能够掌握商业的先机。就像"罗辑思维"，若不是它在社群中蕴含着 3 点，也不会被广泛人群追捧，如图 8-1 所示。

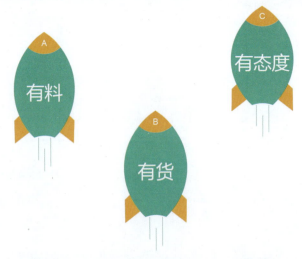

图 8-1 "罗辑思维"社群蕴含了 3 点重要因素

"星巴克"如果不是把咖啡做得那么极致，也不会产生那么庞大的粉丝经济；MyBMWClub 若不是它的服务做到极致，也不可能有 20 万级别社群的影响力。如若那些在社群营销中尝过甜头的企业，没有将产品或体验做到极致，那么他们的所作所为只是在互联网中进行了一次容易被淡忘的炒作而已。

由此可知，企业把产品或体验做到极致，在社群营销中是非重要的，企业应该学习他们那些社群前辈的社群思维，以社群思维为核心，为自己企业的社群成员制造出符合自己产品的极致体验。

当然，单单只是将产品或体验做到极致是不够的，企业还得学会传播。很多企业误认为社群营销不需要传播，若传播容易使社群成员产生反感心理，其实不然，如若企业不去传播，那么社群成员怎么能知道产品的好处、全面了解企业的产品呢？又怎能将企业的新产品展现在社群成员面前呢？

　　所以，传播一定要有，只是方法的问题，企业可以将传播嵌入到活动中，让社群成员在活动中了解到企业产品的信息，也可以像"罗辑思维"一样，将传播做到产品中，在说书的过程中也推荐产品，如图 8-2 所示。

图 8-2　"罗辑思维"每日内容传播

　　由此可以说明，在社群营销中："产品或体验极致 + 传播内容的用心"是一对重要的组合，虽然它们不一定是决定社群营销成功与否的关键，但是企业的社群营销没有这样的一个组合，那么社群营销一定不会成功。

8.1.2　关键点 2："粉丝经济" ≠ "社群经济"

　　很多企业都容易混淆"粉丝经济"与"社群经济"，容易将"粉丝经济"与"社群经济"画上等号，其实这样是不准确的。任何企业品牌都有属于自己的粉丝，但如果仅仅停留在粉丝这个层面，那么无非就是把以前的忠实用户的称呼换一种说法而已。

　　对于企业来说，只有经营"粉丝经济"没有依靠"粉丝经济"的说法，而"社群经济"就是将不同类别的人群聚集在一起，可谓包罗万象，但这些人群有一个共同的核心，就是对企业产品或服务的忠诚度比较高，如图 8-3 所示。

　　企业只有实现"客户到朋友"的转变，才能聚集成一个有价值、参与性强的社群，如图 8-4 所示。

　　在互联网浪潮的冲击下，有许多没有组织的人群在互联网中游荡，企业需要将这些人群中适合企业产品的人群聚集起来，并且经过一段时间优胜劣汰的选择，寻找最忠诚的社群成员和朋友。

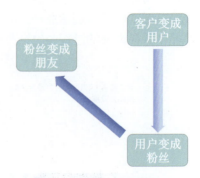

图 8-3　"社群经济"中包含的人群　　　　图 8-4　客户→朋友的转变

8.1.3　关键点 3：社群的价值重点在于运营

这个世界不确定因素太多了，验证了一句流行的话"计划永远赶不上变化"，有太多的因素随机组合，致使没有准备面对各种挑战的企业，不知如何是好。那么对于企业建立社群来说，到底该怎样才能打破不确定因素，进行成功的社群营销呢？如图 8-5 所示。

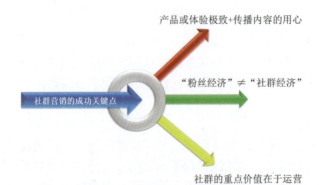

图 8-5　社群营销的成功关键点

在之前已经详细解说了"产品或体验极致 + 传播内容的用心"和"'粉丝经济'≠'社群经济'"的内容，下面就来了解"社群的价值重点在于运营"的 3 个方面，如图 8-6 所示。

1. 从"小"出发

很多企业的社群营销之所以成功，是因为他们从"小"出发，企业将自己的进群范围适当缩小、将企业态度和主张体现出来，从而产生小众的人格魅力，使粉丝、用户因为认同企业的魅力而聚集在一起。

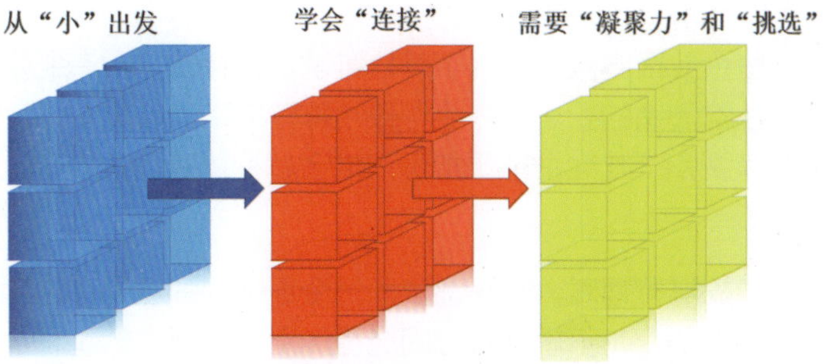

图 8-6　“社群的价值重点在于运营”的 3 个方面

2. 学会“连接”

随时随地连接社群人群，是社群运营必须做到的，只有这样企业的社群营销才能与社群成员建立起不可磨灭的感情，如若企业不看中“连接”，那么企业的社群必定不会有一个成功的结局，只会是一个曾经聚集过人群的载体而已。因此，企业要学会及时“连接”社群成员，与他们打成一片，彼此成为好朋友、好伙伴。

3. 需要“凝聚力”和“挑选”

社群在刚开始运营时，社群成员有可能没有凝聚力，他们需要在企业的带领下才能长久地因为某件事聚集在一起，不然很容易出现流失现象。若一个社群连凝聚力都没有，那么这个社群并不是群而是一盘散沙。

因此，企业在建立社群的初期，需要提出某个点，使人们因为这个点而聚集起来，并且企业还会与聚集起来的人群进行一对一、一对多的交流，走进社群成员的生活中，与他们一起交流、探讨、谈天说地，这样才能使社群运营起来。

企业还需要注意的是学会挑选，企业不能只将注意力放置在聚集人多上，而是需要将注意力放置人群质量上，学会在社群里“取其精华，去其糟粕”，挑选出质量高的社群成员，这样才能使社群氛围越来越好。

8.2　社群营销：6 大要点 +3 大要素

企业想要掌握社群营销技巧，其首要任务就是将社群营销的 6 个要点和 3 个要素全都烂熟于胸，这样才不会在社群营销上走太多的弯路，下面将详细讲解社群营销的 6 个要点和 3 个要素。

8.2.1　社群营销 6 大要点

很多企业在进行社群营销时，都会抱怨社群营销根本就没有效果，或者是与之前自己预想的效果出入太大，于是就开始质疑其社群营销的存在，是否能让企业在这个互联网时代得到不错的收益。

事实上，有些企业根本没有深入了解社群营销的特性，没有制定合理的营销规划，没有掌握社群营销的要点，才会导致社群营销惨淡收场。下面就来详细讲解社群营销的 6 大要点，让企业能更加深入地了解社群营销的操作。

1. 坚持 = 维护

很多企业在做社群营销时，几乎都步入一个误区，那就是"急功近利"，想要"一口吃成一个胖子"，不想花费时间经历一个循序渐进的过程。尽管社群营销在快速吸金的方面有一点优势，但不意味着社群营销会因为一次活动、一次聚集就能得到显著的成效。

试想一下，"罗辑思维"没有创意的每日 60 秒语音、没有与社群成员相互交流，那么肯定不会有如此大的成就，"罗辑思维"完全凭借着"坚持"下来的活动、与用户的先发货后交流，才能维持社群的运营。

一些企业和商家总是抱着过于乐观的心态，不切实际地认为只要在社群里将社群成员聚集起来，弄一次户外活动，就能将企业产品大量卖出，那是不可能的，这样做只能让自己陷入窘境，使社群成员远离企业，并主动撤离社群。所以，企业需要坚持社群的运营，多推出一些活动、多与社群成员交流，才能培养出忠实的用户。

专家提醒

企业在进行社群营销时，需要坚持不懈，持之以恒，不要只将社群看作一种营销手段，而是将社群看成自己的"朋友圈"，将自己的"品牌""企业"光环收敛起来，与社群成员随时随地地进行交流。

企业在决定进行社群营销之前，就应该做好长期的战略准备，而不是将其视之为哗众取宠、一瞬即逝的炒作手段，这样才能使社群营销发挥真正的作用。

2. 特性 + 效性

有些企业在做社群营销时，能取得立竿见影的成效，而有些企业在做社群营销时久久不见收获，即使了解产品的人很多，可真正购买产品的人实在是少之又少。造成这种差别的原因，可能是由企业的特性和活动的有效性所决定的。

例如，人们必需的一些日常消费产品（牙膏、牙刷、毛巾等），由于价格不高，消费者没有太强的品牌忠实度，随即购买的可能性相当高，甚至会受热烈的社群场景影响而决定是否购买。

而一些家电类产品（电视、空调、冰箱等），因价钱比较高，消费者往往品牌意识比较强，在选购时大多比较谨慎，社群的交易性比较低且比较长久。而价格更高的汽车、黄金、珠宝等产品，几乎不可能在社群直接销售，更多的是进行宣传，引起社群成员的购买兴趣。

所以，企业在进行社群营销时，需要将产品的特性和活动进行相互搭配、组合，不能只单看一方面，不一定销量高，活动策划得就完美无缺，不一定销量低，活动就毫无效果。只有企业在社群里，将活动与产品的特性相结合，这样才能让社群成员在活动中自然、不突兀地了解产品的特点、信息，如此一来，不管销量是否好，社群营销都是有效果的。

有些品牌企业在做社群营销时能很快地取得效果的原因之一，就是消费者对他们的产品、品牌很熟悉，省去了自我介绍、得到大批消费者认可的时间。所以，一旦消费者对企业和产品有了一定的了解，那么就不会去质疑产品和活动的真实性，社群营销的效果就会比较显著。

而一些知名度比较低的企业，在社群营销初期阶段可能没有品牌企业那样一帆风顺，因为消费者没有足够的了解度和信赖感。所以，这一部分企业在运行社群营销时会比较吃力。

当然，这并不是意味着这部分企业就不适合社群营销，相反，这些企业在建立社群营销的路程上，更能接近消费者，能更快速地拉近同消费者的距离，随之就能积累起名气、树立品牌，成为消费者更信赖的企业品牌。

总之，企业一定要将自己的产品特性了解清楚，这样才能在社群的活动中体现出产品的特性，才能使社群成员在活动中更好地了解企业产品的信息。

专家提醒

企业想要将社群营销运行好，那么就需要了解以下几点。

- 企业需要了解产品特性。

- 将产品特性融入社群活动中。

- 给消费者认识企业的一个过程。

- 企业需要一点一滴地积累知名度。

- 在建立社群的初期，企业需要抓住这个机会，友好地与社群成员交流，最好能让社群成员有主动帮助企业宣传产品、拉入社群成员的意识。

企业需要给社群成员无比的信赖感，决不夸大宣传，只做实事求是的传播。

3. 营销 + 规划

社群营销是一个完整的系统，这个系统至少要经历 3 个阶段，才能逐渐成熟，如图 8-7 所示。

图 8-7 社群营销的 3 个阶段

企业进行社群营销时，千万不要随波逐流，也不能没有规划性地进行社群营销，企业事先需要一定的推广，也可以在某个社交平台上，与适合企业社群的人群建立情感联系，这样才能将社群营销带入良性发展的轨道。

企业在做社群营销时，不要将它看成一种普通的营销工具，而是作为一种社交专业化的营销渠道。只要企业的产品适合社群营销，那么企业在做战略规划时，就可以认真地做好营销整体性规划，从策划到安排，尽量将社群成员的参与性大大地提高，如图 8-8 所示。

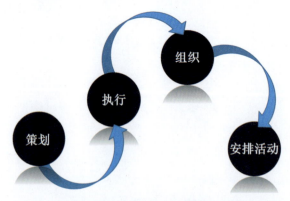

图 8-8 社群营销整体性规划步骤

企业一定要做到在关注销售的同时，还要关注与社群成员的交流，从社群成员的交流之中，获取产品需要改善的地方、消费者对企业的看法和建议，还可以培养社群成员对品牌的认知度和认可度，这样的社群营销，才有可能获得一定的盈利，甚至能成为如"小米""罗辑思维"一样的经典社群营销案例、榜样。

4. 明确目的

企业在社群营销开展之前，还需要想清楚建立社群的目的，一般来说企业进行社群营销具有 3 个目的，如图 8-9 所示。

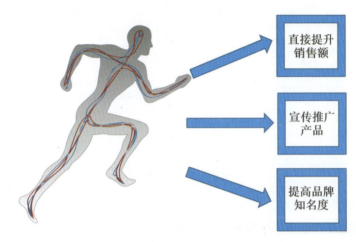

直接提升
销售额

宣传推广
产品

提高品牌
知名度

图 8-9　社群营销的 3 个目的

当然这些目的都可以兼顾，可是企业需要将兼顾的目的分出主次，只有明确了目的性，才能制定有针对性的活动方案，让活动不偏离之前企业所定的规划，让活动执行变得有效，使社群营销的效果最大化。

社群营销的目的并不是空想的，而是根据企业产品特性和企业的战略规划来进行选定的。企业只有明确目的后，才能集中资源进行相应的活动，避免花费无谓的时间和浪费资源。

5. 气氛很重要

企业刚刚开展社群营销时，一定要维护好社群里的气氛，千万不能让社群变成一个"死群"，最好是让社群成员主动聊天，主动调节社群气氛，这样企业会省事不少。那么，企业该如何让社群成员主动调节社群气氛呢？其实很简单，企业可以通过开展一些活动，让社群成员有一个共同的话题即可。

例如，抖音上的一个美食网红王刚，就创建了一个社群，让社群成员之间互相交流自己制作美食的过程，如图 8-10 所示。这样就能增进社群成员彼此之间的感情，利于后期的营销。

总之，企业需要通过营造社群气氛，对社群成员适当地进行引导，使社群气氛以持续传播的状态游走在整个社群中，避免出现忽冷忽热的情况，这样才能使社群成员的质量得到有效的提高，也会使社群成员的忠实度越来越强。

图 8-10　美食社群

6. 选择适合的时间

任何营销模式都有一个时间限定，虽然社群是一种去中心化、自由交涉的载体，但企业还是要找一些好时机嵌入到社群成员的交流中去，这样才不会显得随意和突兀，届时企业的出现，会让社群成员觉得是顺其自然的事。

社群营销还需要考虑社群成员的作息时间和生活习惯，应选择最恰当的时间开展活动或发起聊天，如表 8-1 所示。

表 8-1　社群营销时间

时间	理由
上午 9:00 ～ 11:00	虽然这是人们上班的时候，可是如今是一个移动互联网泛滥的时代，人们几乎都有一部手机，随着人们的生活节奏越来越快，慢慢地人们也学会了忙里偷闲，在闲暇的时候也会拿出手机刷刷微博、聊聊八卦，当人们看到自己手机上有信息，一般都会回复的
下午 17:00 ～ 19:00	这个时间点，人们开始下班了，在下班的路上、在公交车上，人们会拿出手机打发时间，届时企业可以在社群中发布第二天的活动信息，或者是发起聊天
晚上 20:00 ～ 21:00	这是人们晚上最喜欢上网的时段，也是最想和人聊天的时间段，还是人们一天上班遇到一些开心的事情、不开心的事情的分享时段，届时企业在社群里发起聊天定能有不少成员响应

总之，企业在社群中最好是选择一个不错的时间段进行产品信息的发布，当然上面所提到的时间只是一个大概的状况，不同产品需要根据不同的时间选择，这样才能取得不错的成效，毕竟产品与产品之间还是具有一点差别的。但是无论作何选择，企业都要遵守不打扰人们日常生活的原则。

8.2.2 做好社群营销的 3 大要素

社交媒体时代，社群营销已经强势崛起，面对着汹涌而来的流量诱惑，企业利用社群将用户黏度大大加大。不管是在 PC 端还是在移动端中，用户日活跃表现是判定社群营销的关键数据之一。

下面就来了解做好社群营销的 3 大要素，如图 8-11 所示。

专家提醒

用户日活跃表现，喻示着用户与社群的关系好坏，也从侧面代表着企业的产品质量，企业的运营质量。

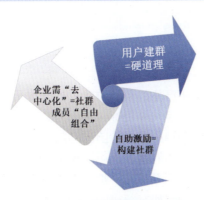

图 8-11 社群营销的 3 大要素

1. 用户建群 = 硬道理

一般来说，社群运营的目的可分为两点，如图 8-12 所示。

图 8-12 社群运营的目的

在很多企业的经营理念中，社群营销是低成本运营，其实不然，低成本运营还需要看企业构建社群营销的方法。在社交网络中，每个人的关系链和好友圈子就是一个个小众的社群，他们会随时随地根据大家的需求来展开讨论，寻求解决方案。

对一部分企业来说，在高频的需求下，现有用户、合作伙伴的好友关系链就是社群，企业可利用分享产品信息导入社群中与成员交流。随着时代的变迁，慢慢将跟随用户带入现有社群，或者鼓励用户建群，社群一旦形成，成员之间会互相介绍、推荐好友加入。

企业在寻找社群之外，好友相互介绍也是加入社群的最常见方法之一，由此可带来社群的自然生长和裂变，一个大社群很有可能会变成多个小社群，这些小社群也会再度扩展成更大的社群。这样循环的过程，既能在社群里调节气氛，又能加强社群的扩散，这无疑是社群的魅力所在。

2. 自助激励 = 构建社群

对于许多社群来说，用户的长期维系与活跃会是企业面对的挑战。

专家提醒

　　自助激励，是用户主动寻找属于自己感兴趣的爱好或社交激励，自助激励随着时间和用户的不同而不同。自助激励的实现，依赖于用户能否在产品中树立属于自己的自助目标。

在通常情况下，社群中产生的互动越多，社群成员就越活跃。除此之外，用户在社交网络中还会自己设定一种目标，并努力去实现它。企业把这个目标叫作自助目标，获得的结果也是用户释放给自己的自助激励。

互动激励和自助激励的实时释放，可以解决大部分用户的激励问题。企业面对这些实时而个性化的激励问题，几乎都是提供给用户统一且大型的奖励，而这些奖励远远比不上用户主动寻找并获得的激励。如果企业只利用统一而又常见的奖励面对用户，多半会出现一种局面，如图 8-13 所示。

图 8-13　企业将会面对的局面

企业统一确立的群体激励变成引导和管理大批社群的运营主要方式之一。自助激励，正被充分借鉴到日常社群运营中，用户一旦确立个性化目标就会被吸引住，并且还会想办法让自己志同道合的朋友一起在社群中进行交流。

例如，用户在某个社群中刚开通了账号，在社群中聊得非常畅快，届时就想要自己的闺蜜、好友一起在这个社群中谈天说地，多认识一些好朋友，就可能出现两种情况，如图 8-14 所示。

自己构建一个新社群，将认识的、有共同爱好的朋友都添加加入进去，形成一个社群

将自己的好友加入到自己已在的社群中

图 8-14　在社群中多认识朋友会出现的情况

总之，企业需要激发出用户的"自助激励"，这样才能使企业的社群有发扬光大的趋势。

3. 企业需要"去中心化"＝社群成员"自由组合"

在之前社群营销的讨论中，有一种观点："社群领袖对于社群的长期活跃会起到很大作用。"在社群营销刚刚起步的时候确实是有用的。但如今，社群营销已经逐渐走向成熟，就需要企业运用社群的方式来运营、发展，届时社群领袖的角色会迅速淡化，社群成员会占据主导地位。

在社群中需要每一位成员都为活跃作出贡献，共同推动社群前进，这才是当代社群营销的意义。在社群中某一时刻某一成员起到的作用可能会略大，但到了下一个时刻，又有其他活跃分子扮演起关键角色。

在社群中高质量的转化效果，是许多产品"冷启动"提供的入口，在大部分社交产品"冷启动"过程中，社群机制发挥了重要作用。例如，微信红包的火爆，和微信社群离不开干系。

在社群运营中，企业施加的影响越大，有时用户参与度反而越低。在社群中企业需要做的是去企业化、去中心化，放弃控制的意愿，让社群成员在小圈子中自由组合，分别扮演不同角色。

8.3　社群营销：3 大步骤不可或缺

社群营销的步骤是需要认真掌握的，不然到时候企业的社群会很难运行的，下面就来了解社群营销的 3 大步骤。

8.3.1　社群营销步骤之建群

社群营销的开端从建群来说起，只有企业正确建立起一个具有共同语言、参与性强、黏度大的社群，才能为以后成功的社群营销埋下伏笔，下面就来详细了解建立社群的 8 个须知。

1. 摆对姿态

社群虽然是去中心化的一种营销模式，可还是需要一个领袖在适当的时候调节社群的气氛。对于个人社群、三五成群的闺蜜社群来说，去中心化能体现得淋漓尽致。但对于企业来说，需要一个大社群或者是经过不断裂变的社群，届时这些社群必定需要一个领袖出来维持秩序，或是等待时机提醒社群成员企业产品的存在性。例如，"罗辑思维"中的"罗胖"若不出来"管事"、不发布"每日 60 秒"的信息，那么还会有社群营销鼻祖"罗辑思维"社群的存在吗？显然不会。对于企业来说，去中心化是给予社群成员自主互动、自主领导的权利，却不代表企业当一个"甩手掌柜"，对社群不问不顾，那样的社群绝对不是企业的社群，那单单是一个人们聚集在一起的社交平台而已，不会有任何营销成分在里面，那也不会是企业建立社群的初衷了。

但是，需要注意的是，社群中的领袖不是指"企业"，而是指"人"，这是什么意思呢？这就是让"企业"抛开自己高人一等的"企业形象"，做真实的自己，从"人"的角度与社群成员一起交流，在交流的过程中，以朋友相称，以获取用户对企业产品、服务、品牌的建议为主，解决社群成员对企业产品、服务所存在的问题。总之，企业需要将自己的姿态摆正，将话语权交与社群成员，自己以"亲民"的身份与社群成员一起讨论、交流。

2. 灵魂领袖

企业还可以结合自己的产品找到产品发烧级别的玩家，让这样的玩家成为自己运营社群里的灵魂领袖，这样就做到了"既倾臣，又倾民"。通常来说，在某一领域拥有影响力的个人和组织，更容易建立社群。很多企业想通过建立自己内部的社群，发挥 4 个方面的作用，如图 8-15 所示。

企业想法是好的，可是在实际的操作中，并没有所期望的那么容易实现，有些企业甚至孤身投入大量的人力、物力、财力，却收效甚微，使原本是香饽饽的社群营销变成了残酷的社群营销。

这都是企业一意孤行的效果，所以，企业需要一个灵魂领袖带领社群走上营销的道路，让这个灵魂领袖作为中间人，将企业和社群成员连接在一起，使他们共同学习、共同进步，得以增加用户对企业和社群的忠诚度和用户黏度，这才是企业进行社群营销的核心。因此，社群是离不开灵魂人物的，而灵魂领袖并不是谁都可以当，他需要具备 3 个特点，如图 8-16 所示。

图 8-15　企业期望社群营销的作用

图 8-16　社群灵魂人物需要具备的特点

企业需要多培养些具有原创匠心、愿意分享的社群成员，这样才能吸引社群成员聚拢起来，也能吸引社群成员主动介绍其他人群进入社群，并且还可以将这类人培养成管理员，帮助企业和灵魂领袖一起维持社群的秩序与文明。

专家提醒

一般来说，社群管理员的公众内容都是 3 个基础信息：第一，发布入群须知，提醒社群成员修改规范昵称；第二，加强社群活跃度，想办法提升社群成员的参与感；第三，统计每日社群运营数据，挖掘出新管理员。

将社群成员分析的内容进行整理，放入群内好找的模块，例如，QQ 群中就有一个"文件"模块，届时社群管理员可以将分析的内容放到那里，还可以提供以后社群成员的下载阅读。

3. 明白价值

企业在建立社群的初期，需要面对的首要问题并不是在哪里找到社群成员，而是需要明白自己社群的价值，即为社群成员所带来的价值，如图8-17所示。

企业为社群成员提供价值时，一定要在某个单点的能力上拥有超出普通人的能量并得到社群成员的认可。社群的价值是基于能力才能构建的，不是基于热情或愿景。

图8-17　思考社群对社群成员的价值

4. 寻找第一批成员

社群一开始寻找社群成员，可能需要企业邀请自己的朋友、忠实客户、品牌粉丝、朋友的朋友来帮助企业撑场面，等有了一定数量的社群人数，即可慢慢去其他社交平台上添加新成员，如图8-18所示。

图8-18　可能添加到新成员的社交平台

5. 社群成员规则

企业想要建群就必须将社群中的角色划分好，这样才能让社群有秩序、有吸引力地运行下去，一般来说，社群中具有 7 类角色，如图 8-19 所示。

下面就来详细讲解社群中 7 类角色的具体职责，如表 8-2 所示。

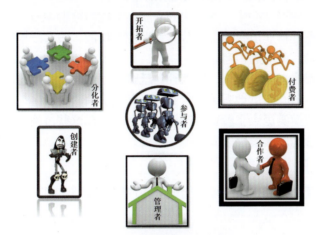

图 8-19　社群中的 7 类角色

表 8-2　社群中的 7 类角色的具体职责

角色	职责
创建者	创建者需要有一定的威信，这样才能吸引不少精英加入社群里，为社群以后的发展、壮大做铺垫
管理者	管理者需要在社群中扮演赏罚分明的角色，能够对社群成员的行为进行评估，运用社交平台工具进行不同的奖惩，可以多设置几条规则，让社群成员互相竞争学习
合作者	社群一意孤行的运营是很难开展的，若能有几位合作者，将各自的资源进行交换，这样共同生产的效率会比较高，相比一个人单打独斗的情况下要好得多
付费者	社群的运营和维护是需要一定成本的，并不是所谓的"0"成本，无论是时间还是活动场地、奖品等，都需要付出成本。所以社群需要一个付费者来支撑社群的经济来源。 例如，乐视与"罗辑思维"合作，将乐视电视免费赞助给"罗辑思维"，作为"会员"礼物。而乐视在这里就充当着付费者。 付费者可以是基于某种原因的赞助者，也可以是购买社群相关产品的社群成员等
开拓者	开拓者就是想办法营造出一个好玩、气氛活跃、参与度高的社群，并且还能在不同的平台上对社群进行宣传和扩散，甚至还能拉到一些合作的企业
分化者	分化者需要深刻理解社群文化，参与社群的构建，熟悉社群所有细节，这样才能独立将社群分裂开来
参与者	参与者需要积极参与到活动中去，想办法带动社群成员的活跃度

6. 结构清晰

社群可分为两种结构,如图 8-20 所示。

在社群内部环形结构中,每一次的交流,都能将社群中每一个人的身份相互影响和变化,在社群里没有地位之分,管理相对松散,没有严格的规矩,只有社群成员经过讨论、交流的内容。

很多社群都是以随意聊天、聊八卦、玩匿名、爆照、聊情感等为主要职能,基本上用户可以随心所欲地聊天,企业可以在社群里谈笑风生地进行维护,可以使社群用户在欢声笑语中了解企业产品的信息等,在这些过程中,可以在社群中培养出难舍难分的忠实情感认同。

7. 选择原则

随着社群营销日益火爆,社群出现了两种加入原则,如图 8-21 所示。

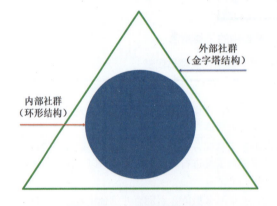

图 8-20 社群的两种结构

图 8-21 社群加入原则

无门槛的社群,进入的成员会比较杂,并且会有很多"不冒泡"的人,不在社群里发表意见,只是一时兴起才加入社群中,做一个"占位者",对企业以及社群来说没有什么价值。

所以无门槛的社群经常需要清理社群成员,这样才能保证社群营销能有效地运营。若不经行"淘汰制",那么社群与"社群"、"普通的 QQ 群"有何区别呢?不过很多开放性的社群都没有做到"动态淘汰制"。

专家提醒

所谓的"动态淘汰制"是指社群在不定的时间里,根据社群运营数据分析,将那些对社群没有价值的、很长时间不在社群中利用话语权的人,进行踢群处理。

而有门槛的社群，一般都会是社群成员邀请进入的，若是用户自己申请，没有一个得当的利用是不会批准进入的。下面就来着重了解人们加入社群"有门槛"和"无门槛"之间的区别，如表8-3所示。

表8-3 加入社群"有门槛"和"无门槛"的区别

入群原则 区别	有门槛	无门槛
怎样入群	社群成员邀请进入	人们自由加入
人数限制	一般都会有人数限制，例如"秋叶PPT"社群一个群不得多于69人	无人数限制
踢人规矩	会将那些长期潜水的人踢出群去，不定期进行，对社群没有价值的人群一般不会出现在这类社群中	几乎很少出现踢人情况，最多是遇到不文明现象，才会发生踢人现象
群公告	一般都会设置一些群公告，要社群成员改指定的名字，或者是一进群就要进行"爆照""自我介绍"等环节，当然每个群有不同的进群要求，一些不能接受的人群就会主动退出群，这样既能增加群内的活跃度，又能自动过滤掉一些人群	几乎没有什么要求，最多就是需要社群成员改一改社群昵称

经过这样一对比，还是"有门槛"的社群好一点，这样的社群比较有秩序，这样的社群成员的价值性才比较大。

8. 有输出

输出对于社群来说，是决定是否有价值的重要因素之一，若一个社群的输出不符合社群成员的需求，那么这个社群很有可能面临散群危机。企业如果想要规避散群危机，那么就需要给社群成员提供稳定的服务输出，这才是社群成员加入社群、留在社群的价值。

比如，"彬彬有理"提供用户"私密问答"服务，还有专门的咨询师为用户解答情感方面的问题，深受社群成员的喜爱，如图8-22所示。

图 8-22　"私密问答"

8.3.2　社群营销步骤之方法

　　现代社群营销无论在方法上还是理念上,都与传统的社群营销有很大的不同,企业不能在社群中一味地投放广告,而是需要将社群成员利用起来,使他们自愿成为企业的一员,主动帮助企业宣传产品,拉拢人群来扩大社群圈子。随着互联网的发展,社群营销的方法也包罗万象,下面就来了解社群营销 4 种常见方法,如图 8-23 所示。

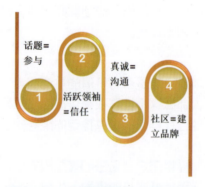

图 8-23　社群营销的 4 种常见方法

1. 话题 = 参与

　　一个社群需要有足够多的话题才能运营起来,若是连话题都没有,那么这个社群必定会变成"死群"，变成一个毫无价值的群。所以在社群中话题是很重要的，企业需要在社群快要冷场的时候，制造一些社群成员感兴趣的话题，只有如此才能使社群热闹起来，并提高社群成员的参与度。

例如，新浪微博就具有一天能制造不少话题的能力，因此才能将无数网民的目光聚集在新浪微博上，在微博里刷刷博文、点一点赞、发一发评论和信息。那么为什么微博的话题功能可以聚集到人群呢？那是因为，其话题功能是可以由微博用户自己建立的，并且建立的话题都是一些时事热点，具有 3 个吸引网民的重要话题特点，如图 8-24 所示。

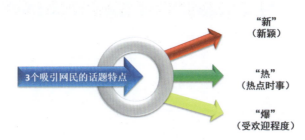

图 8-24　3 个吸引网民的话题特点

2.　活跃领袖＝信任

一般来说，社群中的领袖都是社群成员所信任的人，而在社群里，能不能快速传播某样产品，不仅要看话题的内容，还需要看社群成员的信任度和信息发布的来源。如果在社群中发布信息的是一个从没有在社群中参与聊天、不活跃的分子，那么定然不会受到社群成员的关注，还很有可能被踢出群。

所以在社群营销中，产品的信息传播者是重要的一环。企业在开展社群营销时，需要借助社群活跃领袖的力量，同他们开展合作，或者企业自己培养出一个社群活跃领袖，借他们之手发布及传播营销信息。

3.　真诚＝沟通

不管在是怎样的营销活动，都需要真诚沟通才能使营销活动获得成功，这也是企业必须遵循的原则之一，而在网络社群中，不能面对面交流，更需要真诚沟通。真诚沟通在社群营销的内容中，是必不可少的一环，是体现真实性、可靠性的纽带，是社群成员相信企业的重要砝码，所以在社群营销中一定不能掺杂任何夸大其词的宣传。

无论何时，企业都要记住"天下无有不透风的墙"，做了坏事，定会被网民们一一揭穿，届时，企业还要狡辩的话，只会让社群成员感到更加失望透顶，到时候企业获得的将不会是社群成员与企业其乐融融的场景，而是社群成员对企业的谩骂声和失望。企业只有在社群中与社群成员进行真诚沟通，才能获得社群成员的信任和赞同，这才是社群营销的基础方法之一。

4．社区＝建立品牌

在社群概念还没有出现的时候，社区就是社群的雏形，社区也是由一部分对某一品牌有特殊爱好，产生心理共鸣的消费者组织起来，形成的一种网络社区形式。企业在运营社群之前，可以像小米一样，建立自己的品牌社区，培养人们对小米品牌的忠实感，在小米社区里用户只会发布关于小米产品的有关信息，如图 8-25 所示。

图 8-25　小米社区

而在小米社区经常逗留的人群，几乎都是小米的忠实粉丝，然后小米就可以在社区中找到高质量的社群成员来展开社群营销。所以，企业可以先建立自己的品牌社区，然后在品牌社区中找到适合自己社群的成员，当然企业在形成与维系品牌社区时。也需要进行适当的引导，如图 8-26 所示。

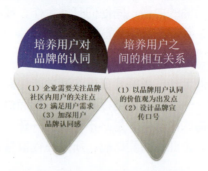

图 8-26　引导消费者来建立品牌社区

8.3.3　社群营销步骤之优化

曾经利用社群营销而成功的企业，并不是一蹴而就的就能在社群营销中尝到社群成功的味道，而是需要企业不断地将社群进行优化、优化、再优化，才能将自己的社群变成一个参与度强、活跃度高的高质量社群。只有这样的社群才能在营销中站稳脚跟，获得营销收获。下面就来了解社群营销需要优化的方面，如图 8-27 所示。

1. 优化准备

社群营销优化是可以提升社群成员对企业产品内容、社群成员与企业的联结、诱发行动等连带反应，因此企业首要优化步骤，就是做好社群营销的准备，企业需要找出可以影响最终社群营销结果的改变元素。

一般在企业进行社群营销优化准备，所需要优化的元素，如图 8-28 所示。

图 8-27 社群营销优化方法　　　图 8-28 优化的元素

2. 关注动态

当社群在开展活动时，企业需要及时关注活动的整个动态，才能将活动顺利地进行下去，若是活动成效不彰，就需要企业快速意识到并调整策略，企业可以尝试在不同时间发出公告、调整内容、增加新视觉等。

3. 及时评估

企业在社群中需要及时评估活动指标，如活动一开始的转换率，社群成员的分享让社群活动在社交媒体产出的声量，都可以作为参考的指标。企业若是能够做到即时优化，不但可以让单一的社群活动成效发挥得更好，从长远来看，也能产出更多的参考数据，并为之后的活动做好调整的准备。

8.4 社群运营：高级社群是这样炼成的

如今不少微信社群，已经成为消费者搜索产品、品牌，进行互动交流的重要场所。微信群组功能，是可以实现一对多的沟通，使企业建立一个接近消费者心声的重要场所。本节主要介绍运营微信社群的技巧，让社群粉丝迅速暴涨。

8.4.1　建立社群管理规则

随着时代的变迁，慢慢将跟随用户带入现有社群，或者鼓励用户建群的思路，已经逐渐清晰，这为传统企业进入社群营销提供了一个新的自然切口。社群一旦形成，成员之间会互相介绍、推荐好友加入。建立了微信群之后，一定要建立社群管理规则，无规矩不成方圆，毕竟我们创建微信社群最终的目的是进行更好的营销。

作为群主的微商、网红，需要写一些内容对进群的朋友们表示欢迎，并同时明确表示这个群的相关管理规则，如不能在群中发广告信息、发与群无关的营销信息等，可以委婉地融入一些管理规则内容。如图8-29所示为微信与QQ社群的管理规则，简单说明了本群的类型、相关规则，以及本群所讨论的内容，而且最后说明了本群严禁广告。

图8-29　微信与QQ社群的管理规则

8.4.2　新人进群有迎新仪式

仪式感是人们表达内心情感最直接的方式，比如情人节和爱人一起吃一顿幸福的晚餐，母亲节给妈妈精心准备一份礼物，又或者公司进新员工举行欢迎仪式，这些都是仪式感。微信群是小型社群，也应该有新人进群的迎新仪式，表示对新成员的欢迎和重视，让新成员有存在感。

图8-30所示为新人进群后，群主在群里发送的新成员个人简历，表示对新成员的欢迎。老成员从个人简历中通过对新成员资料的了解，既可以找到共同话题，也可以深入交流，建立感情基础。简历中放了新成员的个人微信号，是希望新老会员与会员之间深入的交流，发挥社群的最大价值。

图 8-30　群主在群里发送的新成员个人简历

8.4.3　培养自己的铁杆粉丝

微商、自明星们可以通过制订详细的粉丝计划来大力培养自己的铁杆粉丝，树立相同的观念，最终打造成拥有铁杆粉丝的社群电商平台。自明星在"培养铁粉丝"的过程中，可以从以下两个方面出发，一步步地实施铁粉丝的培养计划。

(1) 聆听用户的心声、与用户互动、耐心与用户对话。只有这样粉丝才能感受到被尊重，提升用户体验，例如，荷兰航空公司跟踪在机场签到的粉丝乘客，在登机的时候给顾客送上一份个性化的礼物，从而彰显出荷兰航空公司一直关心它的乘客，让乘客有好的体验。

(2) 从粉丝需求出发，通过奖励来提升粉丝的活跃度。分析粉丝的需求、制订好奖励计划，送上用户需求的礼品，这样能大大地增加粉丝的体验，进一步巩固粉丝的留存率。

专家提醒

　　"培养铁杆粉丝"的两个方面，都是以粉丝体验为目的，让粉丝拥有一个好的体验才能触动粉丝的内心，促使粉丝心甘情愿地留在社群电商中，成为社群电商运作的一分子，抓好粉丝的忠诚度。

8.4.4　注重质量产生好口碑

在社群电商中，微商们想要运营好微信社群，就需要使用一些小窍门，比如运用赠送优惠的礼品，用户之间的口碑推荐等方式，为品牌树立良好形象。在社群电商中，口碑的打造是需要粉丝的努力的，主要是在粉丝认可产品、品牌的基础上，心甘情愿地推荐给自己身边的人，从而形成口碑。一般来说，形成口碑的途径主要如图 8-31 所示。

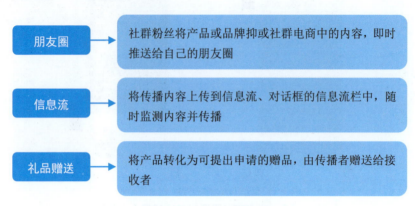

朋友圈	社群粉丝将产品或品牌抑或社群电商中的内容，即时推送给自己的朋友圈
信息流	将传播内容上传到信息流、对话框的信息流栏中，随时监测内容并传播
礼品赠送	将产品转化为可提出申请的赠品，由传播者赠送给接收者

图 8-31　形成口碑的途径

8.5　社群 O2O：社群如何"燥起来"

"燥起来"是指企业初期在没有融资、商家甚至用户的情况下如何快速切入市场，形成时代的领头。这也是所有社群 O2O 创业者获得融资之前不可避免的问题，下面将抛砖引玉，探讨一下社区 O2O"燥起来"的几条切入路径。

8.5.1　传统企业进军社群 O2O 的注意事项

进入社群营销时代，不少企业都在向社群营销进军，而社群 O2O 对于企业来说，一直是一道难题，很容易出现线上用户的黏性不够，线下服务者难管理、提供的服务不到位等诸多挑战。

不少企业为了更好地发展社群 O2O，于是提供了移动客户端的浏览体验、云端集成服务，同时及时与社群成员沟通、交流，从中进一步获取社群成员的需求，并解决线下服务提供者管理、同城活动管理等诸多难题。

下面就从生活服务方面的传统企业来讲解进军社群 O2O 的 5 大注意事项。

1. 规避社群 O2O 闭环漏洞

生活服务类 O2O 之所以能成为社群 O2O，就在于其已经完成了资金流、信息流、服务流等相关流程的闭环，其流程健全、闭环完整，并且知道积极与社群成员进行沟通。但如何规避社群 O2O 闭环下的运作漏洞、如何确保闭环设置下的强服务体验等至关重要，也是生活服务类社群 O2O 企业需要面临的重大挑战之一。

这方面的挑战主要表现在以下两个方面，如表 8-4 所示。

表 8-4　规避社群 O2O 闭环漏洞的两大挑战

漏洞解决方法	做法
推进支付闭环实现	目前从生活服务类 O2O 整体来看，多数服务是可以实现网上预订、线下支付的，这种方式容易引发用户和服务者的纠纷，二者极有可能因为服务质量引发价格争议，也可能因为服务很好导致下次用户和服务商私下成交，导致平台的用户流失和营业额下降。实现线上预约、线上支付、线下反馈等完美闭环，既可提升社群 O2O 生活服务体验，又可以有效管控线下服务
规避抛单等服务风险	生活服务多数客单价不高、服务频次适中，为更好吸引用户消费，生活服务类社群 O2O 电商平台往往会低价服务，或以提供"服务体验券""促销优惠卡"等优惠手段来吸引社群成员的参与。而这些优惠服务，正是社群 O2O 电商出于拓展市场、开发社群成员的需要，不过线下服务者更看重短期利益，不高的服务价格、一般的服务利润，这些极容易引发接单不出单、接单又转单、抛弃订单等事情。 所以社群 O2O 平台电商需要对其服务品质高度关注，以提升用户服务消费体验

在生活服务类社群 O2O 商业模式设计中，社群 O2O 的闭环设计是很重要的，其需要充分考虑到各种运作风险，强化对线下服务的有效控制，同时开辟用户反馈的良性通道。解决规避社群 O2O 闭环漏洞问题的关键，如图 8-32 所示。

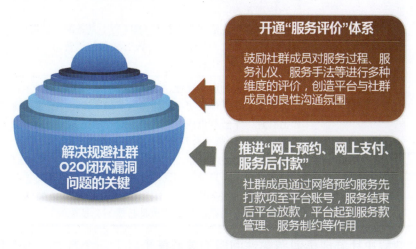

图 8-32　解决规避社群 O2O 闭环漏洞问题的关键

2. 增加社群成员消费黏性

"网上预约生活服务不方便、用户黏性不够"等是生活服务类社群 O2O 品牌面临的首要问题，从整个移动社群购物的消费态势来看，社群成员的线上预约、线下消费生活服务的习惯还没有形成。

为了积极引导社群成员生活服务类社群 O2O 消费，企业可以通过大力宣传消费模式、介绍品牌让社群成员积极尝试，但如何让社群成员更好地消费、更持续地消费，这是需要企业重点关注的问题，解决了这些问题生活服务类社群 O2O 品牌才能更好、更快发展。这方面的挑战主要表现在以下 3 个方面，如表 8-5 所示。

表 8-5 提升社群成员消费黏性的 3 大挑战

社群成员消费黏性的挑战	问题
重购率少	生活服务大多与日常事务有关，如家政、美甲、美妆等，多数业务需求比较紧急，其要求服务时间紧、服务人员到位快，而目前多数生活服务类 O2O 品牌需要提前预约、提前告知，即使服务到了其服务体验也会比较差，很难保证让服务的客户满意。 其重复消费率比较低，这也是生活服务类社群 O2O 电商品牌需要重点关注的问题
试用率低	从整个生活服务行业消费的主流来看，消费者日常家政、美甲、美妆等生活服务习惯性地在线下完成，更习惯于在社区周边、商圈周边等处随机享受，更愿意和朋友在一起一边享受服务一边聊天。 而这些均是生活服务类社群 O2O 所不具备的，社群成员对生活服务类社群 O2O 不熟悉，没有成熟的消费习惯，其整体服务尝试率还是比较低的
服务特色体现不清晰	生活服务作为服务行业，既是一种生活服务，更是一种生活方式体验，其需要更多的服务细节描述支撑，更多的服务价值传递，了解社群成员的需求，这样才能体现出生活服务类社群 O2O 电商平台及其特色服务的价值。 作为生活服务类社群 O2O 品牌，宣传平台的便利、快捷和省钱等特色无可厚非，而同时企业更应关注生活服务本身，讲清楚自己的服务特色，没有服务特色的生活服务类 O2O 平台，其核心竞争力是缺失的，也是必然不会长久的

企业解决社群成员消费黏性问题的关键在于以下几个方面，如图 8-33 所示。

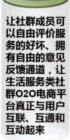

明晰自身的生活服务特色	彰显自身的生活服务价值	重视与社群成员的互动沟通
充分传递生活服务的"差异化价值"，突出专业技师，或是诉求组合式特色套餐，吸引社群用户积极参与到其中去	让所有社群成员知道生活服务类社群O2O平台是省心、省力、省钱的，真正可以提高社群成员的生活品质	让社群成员可以自由评价服务的好坏、拥有自由的意见反馈通道，让生活服务类社群O2O电商平台真正与用户互联、互通和互动起来

图 8-33　解决社群成员消费黏性问题的关键

3. 强化社群品牌

社群O2O是一个需要用户"高黏性、高体验度"的营销手段，其对"品牌社群"要求比较高，社群成员间希望互动、服务者希望沟通，如何强化品牌社群建设、提供更好的互动沟通平台是各大行业，也包括生活服务类社群O2O电商品牌将面临的重大挑战之一。

这方面的挑战主要表现在以下两个方面，如图 8-34 所示。

社群成员活跃度低：部分品牌构建了自己的"微社区""微群落"等，其用户交流、服务后晒单、情怀抒发等功能已经基本完备，但社群内容普遍比较少，更多社群内容集中在客户投诉、服务纠纷等方面，服务O2O平台对于社群内容的充实、对社群成员的沟通等方面还是比较缺乏

社群意识不完全：虽然有一小部分生活服务类O2O电商行业，拥有自己独立品牌的社群，但更多的将重点放置在拓展用户、开发市场，对于用户沟通、服务后体验等关注度不高，在社群里，并没有加强与社群成员互动，平台强大的功能集中在服务推荐、技师介绍、支付闭环等方面，社群意识还不完善

强化品牌社群建设的两大挑战

图 8-34　强化品牌社群建设的两大挑战

不管是 PC 端，还是移动端，互联时代的生活服务类社群 O2O 的品牌，都需要加强"品牌社群的建设"，必须强调"突出品牌特色"的社群沟通，强调用

户间互动、服务从业者间交流。

只有强大的、彰显品牌特色的"品牌社群"，才能推动社群O2O服务平台的持续发展，企业需要重点采取以下举措解决强化品牌社群建设的问题，具体如图8-35所示。

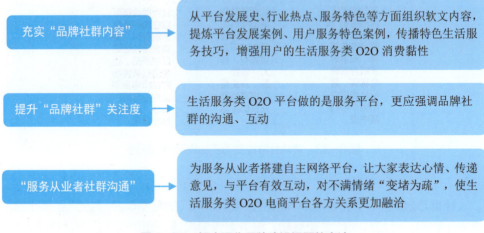

图8-35　解决强化品牌建设问题的方法

4．服务提供者的管理

线下服务提供者是生活服务类社群O2O的服务推进者，承担着向社群成员提供实际服务、展现优质生活服务价值等重任；而线下服务提供者作为独立的商业个体，自然有自己的利益诉求。

社群O2O如何满足线下服务提供者自己的薪酬要求、福利要求、职业发展要求等，这都是对生活服务类社群O2O平台管理的重大挑战。这方面的挑战主要表现在以下3个方面，如表8-6所示。

表8-6　强化服务提供者管理的3大挑战

强化服务提供者管理的 3大挑战	问题
潜在"自组织"对抗	线下服务者往往有自己的"小团体"，或是几人组成的"朋友圈"，或是由地域自发形成的"同乡会"，这些自组织无论我们承认与否，它们都已经事实存在了，生活服务类O2O平台需要重点关注的是，这些"自组织"会慢慢成长起来，有的会提出更高的薪资要求，有的会提出更低的抽成比率，有的会领导服务从业者开展对抗活动，这是对生活服务类O2O平台发展所提出的重大挑战之一

强化服务提供者管理的 3大挑战	问题
订单不稳定	生活服务类O2O平台目前正处于快速成长期，其业务正处于快速开发中，而这些业务营业额增长、服务体验完善等需要持续的积累，而这些积累需要时间沉淀、用户沉淀等，营业额低、服务做得不好等都会引发服务订单的不稳定，服务订单的不稳定容易引发"线下服务提供者"的动荡、跳槽或抛单等，没有稳定而持续的订单再多的服务说教、品牌教育等也是徒劳，毕竟线下服务提供者也是要生活，也是有其利益诉求的
品牌向心力不强	生活服务行业属于劳动力经济，主要是靠劳动服务来获取报酬，有人称之为"手工业者"，而这些特殊手艺为"服务者个人"所有，服务技艺可复制性比较差，更多用户在享受"生活服务类社群O2O电商"线下服务后，往往会和服务者直接达成"服务交易"，电商品牌黏性大大降低，这是未来生活服务类社群O2O品牌需要重点解决的问题之一

生活服务类社群O2O平台毕竟是一个平台，线下服务者的管理是其业务运营的重中之重，更是未来平台成长的核心驱动力之一，我们要强化对服务从业者的管理、提升服务从业者的平台黏性就需要关注以下几点。解决服务提供者管理问题的关键如图8-36所示。

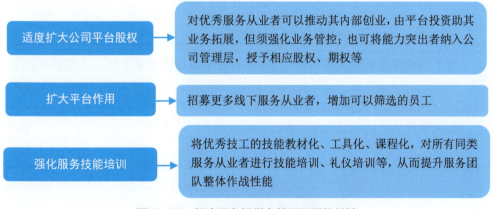

图8-36　解决服务提供者管理问题的关键

5. 增强线下活动成功率

生活服务类社群O2O平台连通线上线下，线上通过服务官网展示、服务人员介绍、服务特色说明等传递服务价值，线下通过服务提供、体验互动、同城活动等创造服务体验和促进多方沟通。

　　而综观行业现状，多数生活服务类社群 O2O 品牌对此重视度不够，线下活动举行的少、举办效果差，这是生活服务类社群 O2O 平台未来快速发展将要面临的重点挑战之一。

　　这方面的挑战主要表现在以下两个方面，如表 8-7 所示。

表 8-7　提升社群线下活动成功率的两大挑战

提升社群线下活动成功率的两大挑战	问题
聚会时指责多于沟通	目前多数生活服务类社群 O2O 企业线下聚会多是为了招揽用户、招募线下服务者，用户群体开会时多数讲的是个人的服务体验。开会中指责的人多于赞赏的人，用户对于生活服务的要求高，而线下服务者往往视订单金额、下单时间等"有选择地提供服务"，价格高的就服务的好，价格一般的服务品质也一般，这样就很难形成良好的服务体验和社群成员口碑，社群成员的指责当然也在情理之中。 为了生活服务类社群 O2O 平台的持续发展，如何应对用户的服务体验指责、如何借聚会传播品牌价值等已成为生活服务类社群 O2O 电商需要应对的重大挑战之一
线下活动举办难	目前生活服务类社群 O2O 平台正处于快速发展期，其近期战略目标在于融入资本、拓展市场、开发用户等。 更加注重线上官网展示、功能完善、频道建设等，对于线下的会员活动、用户互动等关注度不高。 实际活动举办的比较少，而且形式大都是开一次会、讲一些话，深度的线下沟通比较缺乏

　　线下活动是生活服务类社群 O2O 平台业务建设的重要一环，大量的实践表明，优秀的社群成员线下互动和服务者的同城联谊，可以极大地提升生活服务类 O2O 平台的黏度，提升其品牌影响力。

　　解决提升线下活动成功率问题的关键如图 8-37 所示。

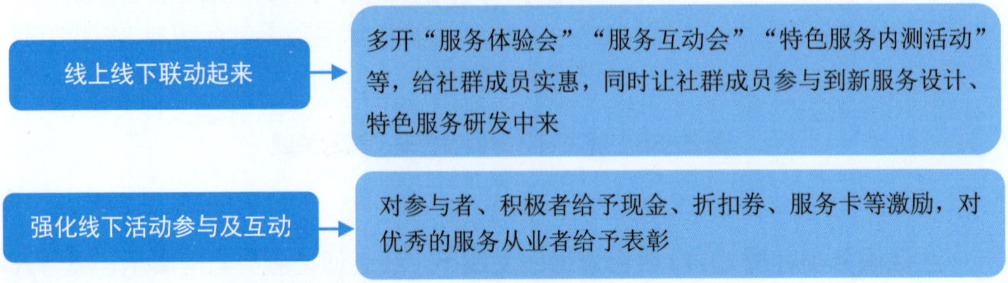

线上线下联动起来	多开"服务体验会""服务互动会""特色服务内测活动"等，给社群成员实惠，同时让社群成员参与到新服务设计、特色服务研发中来
强化线下活动参与及互动	对参与者、积极者给予现金、折扣券、服务卡等激励，对优秀的服务从业者给予表彰

图 8-37　解决提升社群线下活动成功率问题的关键

8.5.2 传统企业进军社区＋社群 O2O 的关键

2015 年，"互联网＋"正式出现在政府工作报告中。其中写道：推动移动互联网、云计算、大数据、物联网等现代制造业相结合，促进电子商务、工业互联网和互联网金融健康发展。下面就来看一看中国互联网概况，如图 8-38 所示。

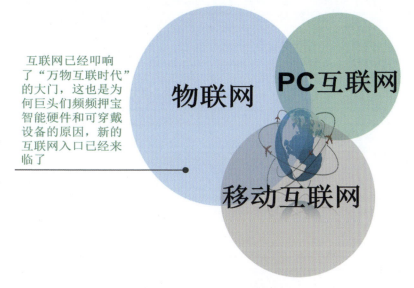

互联网已经叩响了"万物互联时代"的大门，这也是为何巨头们频频押宝智能硬件和可穿戴设备的原因，新的互联网入口已经来临了

图 8-38 中国互联网概况

如今传统行业可谓黔驴技穷，不得不纷纷转向互联网操作模式，互联网正在不断与越来越多的传统行业融合。当不少企业进入 B2B、B2C、C2C 等模式状态时，社群 O2O 模式又悄然而至，并将对企业运营产生全新而广泛的影响。社群 O2O 的核心是线上线下互动融合，注重与社群成员交流和社群成员的体验。缺失线下体验的社群 O2O 是不完整的，甚至有可能导致整个模式失效。

与传统互联网相比，移动互联网在社群 O2O 领域有着很多先天的优势。生活中对移动互联的依赖越来越多，移动互联无疑是未来市场上的最大"蛋糕"，而社群 O2O 无疑也会成为众多传统行业转型的重点。需要注意的是，社群 O2O 自身也是互联网其中的一个环节，所以对于社群 O2O 转型也不要拘泥于所谓的闭环，要结合企业自身的情况进行判断和选择。

社群 O2O 最为关键之处在于，销售的产品是否拥有一个清晰、被认可的标准和规范。其实，传统行业走向互联网最大的困难就在于企业家思维的转变，这直接影响企业对线上业务的支持力度，隐藏在背后至关重要的因素其实就是消费者线上需求有没有想象中的那么大。

社群 O2O 模式的诞生会促进很多新兴的互联网公司专门提供这样的服务，尤其是团购类的网站，或者是本地的信息生活类平台。对于一些传统的行业来说，和这样的互联网平台合作无疑是最好的选择。

专家提醒

除了房产和汽车等传统商品，其他产品哪些适合做社群 O2O 呢？笔者认为，娱乐休闲、餐厅美食、加油站、美容美发、健身房、生活服务等领域都可以做社群 O2O。

第 9 章

线下：短时间增粉，让产品成为爆品

学前提示

目前，微商获得流量的方法大多以线上引流为主，但仅仅只靠线上获得流量对微商来说是不够的，因此微商也应该从线下着手，以获取更多的流量。本章将主要介绍多种策划线下活动增粉的方法，让微商用实际行动收获更多流量。

- 线下拓展用户的6种方法
- 线下活动的策划要点
- 线下活动的操作步骤
- 线下地推活动的策划

9.1 线下拓展用户的 6 种方法

微商的引流方法当然不是只有线上引流这一种，但微商要如何线下引流呢？这似乎成了微商的大难题。本节将主要介绍微商线下拓展用户的方法，帮助微商解决线下引流的难题。

9.1.1 参加线下沙龙

沙龙是一群志趣相投的人在一起交流的社交活动，如图 9-1 所示。

图 9-1 沙龙

沙龙具有 5 个特点：第一，会定期举行；第二，人员自行参与；第三，能激发灵感；第四，参与时间晚上居多；第五，参与人员可以自由谈论。

微商参加沙龙进行线下引流之前，还需要明确几点：第一，参加自己喜欢的沙龙，这样参加沙龙就不会变成耗时、耗成本的事，效果也会更好；第二，只有参加符合自己特长的沙龙活动，你才能成为焦点，自然也就会有人主动来找你；第三，引流不能只看数量不看质量，选择和经营产品匹配的沙龙，吸引的粉丝会更精准。

微商引流的目的是让更多潜在客户转换成目标客户，要想做到这一点，以上提到的几点就一定要弄清楚，这是进行线下引流的前提，必须有目标地进行引流，才能得到最好的效果。

参加线下沙龙还有一些有技巧的做法，具体如下所述。

- 技巧 1：在沙龙签到处放上微店的二维码，方便别人快速地扫描添加微信号，这样的方法增加粉丝速度也非常快。
- 技巧 2：如果是食品微商，可以包这一场沙龙的零食，让沙龙主持人在最后致谢词的时候提到自己的店铺和食品。

9.1.2　参加付费培训

微商的培训课程可分线上线下两种，线上的大多是免费的，而线下的大部分是需要付费的。线下培训的好处有几点：第一，面对面教授，将复杂的网络营销课程进行分解；每天安排具体的课程和作业，实现学用的结合。第二，严格的教学监督，与同学互帮互助，战胜惰性。第三，全方位的培训，可以获得写作能力和演讲能力；一起参与培训的同学成为既定的人脉资源。

线下培训的内容大部分包括微模式、微产品、转化系统、团队执行以及自媒体品牌几部分。

参与付费培训自然要把握好人脉，这些人脉是你说一句"我们互粉吧"就能成功加入微信的，而且都是要做微商的，可以在以后进行好友互推，如果是做同类的产品，还可以进行粉丝共享。

9.1.3　自我推荐增加好友

之前说过，可以参加线下沙龙或者参加培训，当然也可以参加其他活动，比如创业大赛，如图 9-2 所示。

图 9-2　微商创业大赛

总之，参与的活动需要具备以下几个特点。

- 群体性强。
- 数据量比较集中。
- 交互性比较强。

就拿微商创业大赛来说，这是一个展示自己的绝佳舞台，可以让大家看到你的各大优势，将这样的比赛利用起来，凸显自己的特长和优势，并积极参与互动的环节，让来看比赛的人都能记住你，自然会有人主动加你。

9.1.4　二维码标贴

产品就是微商最大的资源，在产品上贴二维码，可以发展潜在客户，如图9-3所示就是在产品上贴二维码的示例。

图9-3　产品上贴二维码

9.1.5　线下门店经营

针对有自己门店的微商来说，微信最大的好处是把陌生客户作为资源，不管成交与否，只要加了微信，就能做生意，这样，门店的流失率就能控制在最小的范围内。

门店是一种很好的线下引流渠道，有实体店的微商一定要好好利用这个资源，实体店引流的好处有3个：第一，通过面对面交流，最能消除客户的防备心理；第二，有实体店的产品其质量和服务能够看到，能够增加客户的信任度；第三，实体店方便，客户可以随来随加微信。

实体店线下引流的具体方法如下所述。

第一，用送礼物或者办会员卡的方式，让客户留下联系方式。

第二，根据客户的联系方式添加他们的微信。

第三，和顾客沟通交流。

做到以上的几点后，然后就是坚持坚持再坚持，这样才能看到成效。

9.1.6　线下二维码推广

二维码线下引流有两种方法：第一，到人流量多的地方发传单，扫二维码送奖品；第二，在衣服后面印上二维码，扫二维码送优惠。下面进行具体介绍。

- 到人流量多的地方发传单，扫二维码送奖品，奖品可以去淘宝上买一些小礼品，不需要太多钱，也可以送饮料之类的礼品，如图9-4所示。
- 在衣服后面印上二维码，扫二维码送优惠，可以利用美女效应吸引眼球，如图9-5所示。

图 9-4 到人流量多的地方发传单

图 9-5 在衣服后面印上二维码

9.2 线下活动策划的要点

线下活动是多种多样的，对活动的策划自然也是不一样的，每一种活动策划分别有其自身的独特之处。本节就将以实战为主，为大家介绍分析线下活动的策划核心、准备工作以及整体流程。

9.2.1 线下活动的核心内容

活动策划除了活动的目的、活动的主题需要活动策划者进行仔细考虑之外，还需要掌握活动时间的选择、地点的选择、宣传方式以及比较紧密的流程，才能策划出一个好的活动。下面主要讲述活动策划的几个核心内容。

1. 选择合适的时间

时间对于活动策划来说，具有非常大的作用，若时间选择不恰当，则会影响活动的举办效果，若时间选择恰当，则会成为推动活动成功的利器。下面就来了解时间在活动策划中的作用。

时间会影响活动策划的成效，主要体现在3个方面：第一，时间可以决定活动出席人数；第二，可以决定出席者的逗留时间；第三，时间可以决定活动的受注意程度。

一般来说，活动时间可分为3个阶段：第一，活动准备时期；第二，活动协调时期；第三，活动开始与结束时间。活动策划者需要根据这3个阶段选择时间。

活动策划者在制定活动时间的过程中，所需要考虑的问题如下所述。

(1) 举办活动的日期和时间。活动时间具体是哪一天，是在晚上、还是在白天进行活动。

(2) 活动的时长。从什么时候开始到什么时候结束。

2. 选择合适的地点

地点是否合适能决定活动策划的影响效果，若在合适的地点进行好的活动，则活动效果会非常显著；若在不合适的地点进行好的活动，则活动效果会大打折扣。因此，在活动策划中地点也是成功的核心要素。

地点是必不可少的一环，若没有这一环，那么活动就会无从下手，届时再好的活动，也不能给企业带来一丝的利益。地点在活动策划中的作用是影响活动的运行。它体现在3个方面。

第一，地点不好活动无法展现。

第二，无法吸引更多受众。

第三，活动目的无法达成。

活动策划者在选择活动地点时，需要考虑的方面有很多，其中首要考虑的因素，就是根据活动类型来选择地点，比如进行晚会活动，就要选择大型酒店和私人场地，而进行室外促销活动，就要选择人多的商场门口和广场中心。

活动策划者在选择活动地点时，成本问题也需要加以考虑，比如选择在酒店做活动就要考虑住宿条件是否值价、就餐条件是否值价以及酒店服务是否值价；在室外做活动就要考虑场地使用费、清洁费以及能源电费等。

活动策划者在选择活动地点时，地址问题也需加以考虑，此外，还需要考虑其他几方面的问题。

第一，场地原有摆设是否需要搬离。

第二，是否全程需要清洁人员。

第三，地点的容量。

第四，场地的设施。

第五，场地的环境。

3. 选择合适的宣传方式

对于活动策划来说，活动的宣传方式是活动成功的"带领先驱"，当宣传效应非常好时，活动成功率会大大地提高，若宣传效果不佳，那么活动效果必然不会好。

活动宣传的主要作用在于吸引人流量，让人们知晓企业活动的存在，只有这样才能提高活动的成功率，在活动策划书中也可以将宣传活动的手段讲述出来。宣传活动的作用有以下 4 种。

第一，吸引人们积极参与。

第二，吸引各大媒体的注意力。

第三，展示企业、产品、品牌形象。

第四，使人们接受相关信息的宣传。

活动策划者在选择宣传渠道时，需要考虑 3 个问题：第一，企业精准人群是否在此渠道比较聚集；第二，此渠道能给活动带来怎样的宣传效果；第三，活动是否适合此渠道的整体风格。活动策划者在选择宣传策略时，需要在宣传策略中嵌入 6 大特色，才会具有吸引人们注意力的作用。

第一，宣传主题需鲜明。

第二，宣传广告需简单。

第三，宣传广告需刺激。

第四，宣传广告需有新意。

第五，宣传广告需娱乐化。

第六，宣传广告需真实。

活动宣传方式多种多样，活动策划者若想在众多的宣传方式中选出一种最合适活动的方式，则需要从 3 个方面加以考虑：第一，活动成本问题；第二，宣传方式面对的受众是否是活动需要；第三，是否适合活动主题。

下面介绍活动策划者常用的活动宣传方式。

(1) 微信朋友圈宣传。有不少的活动策划者，愿意将活动放置到微信朋友圈中做宣传，这样既能节省一定的成本，又能将自己的朋友都利用起来，产生一定的口碑效应。例如，在微信朋友圈中发布活动信息，让大家转发活动并"@" 3 位好友，这样的宣传就是一种增加口碑的方式，如图 9-6 所示。

(2) 热门互联网载体。互联网载体是指像微博、微信、QQ、淘宝网、京东网等网民们喜欢逗留的地方。活动策划者可以将线下活动宣传广告投送到这些载体上，比较容易获得人流量。例如，淘宝网、京东网这类购物网站，就需要花费一些广告费用，根据广告投放的位置不同，收取费用的方式与价钱也不同，活动策划者需要根据活动成本来进行选择。

而像微博、微信、QQ 这样的社交软件，投放宣传广告有两种方式：一种是付费投放；一种是免费投放。对于那些成本比较紧凑的企业来说，免费投放比较实用，在每个社交软件中的投放地点是不一样的。

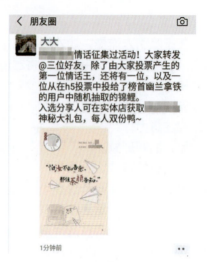

图9-6 在朋友圈发布活动宣传

下面就以 QQ 为例。QQ 的主要投放方式是软文，而 QQ 平台的软文投放地点以及方式有以下几个。

第一，将线下活动的宣传软文发布在 QQ 群，注意不要刷屏式发布。

第二，将线下活动的宣传软文发布在 QQ 签名，注意软文字数要少于 3 行。

第三，有 QQ 公众号的企业或个人可以将线下的活动宣传发布在公众号上。

(3) 发宣传单。活动策划者可以通过市场调查，了解哪个地方的人流量比较多，且企业目标客户比较多，则可以在此地发宣传单，而发布宣传单的时间最好避开工作日，在上午 9:10 ～ 11:00 和下午 3:00 ～ 4:30 的时间段内发传单，其效果比较好一些。需要注意的是，在宣传单上一定要有 6 大要素，这样才能让人们更了解活动，并对活动产生兴趣。

第一，活动时间。

第二，活动举办方。

第三，活动优惠。

第四，活动地点。

第五，活动主题。

第六，活动内容。

活动宣传单上的设计，不要做得太过复杂，要么简单大方，设计让人一眼望去非常舒适，要么就幽默风趣，做得比较特别一些，让人们拿到手上就忍不住注意。

4. 制定合适的流程

活动流程是否合理、是否精密能影响整个活动在执行过程的运行度，活动策划者在制定活动流程时，千万不能随意将一些毫无关系的流程环节拼凑在一起，若是拼在一起，那么活动策划书定然不会被采纳。制定活动流程时需要掌握以下4 个要点。

第一，前后顺序需要有逻辑性。

第二，将活动内容展现全面。

第三，衡量活动流程的标准。

第四，活动操作方面需要合适。

这里所说的活动策划流程，不单是指活动执行流程，还包括活动策划整体流程，将整个活动从策划到执行都结合在一起，才能策划出一个容易引人注意的活动。下面就来了解活动策划者在策划活动整体流程时，需要考虑的要素。

- 活动定位：定位活动目的和活动氛围。
- 活动形式：主要根据产品类型考虑活动的形式。
- 活动主题：根据活动形式来考虑主题。
- 活动细化：即制定游戏规则。
- 工作安排：活动整体工作安排。
- 宣传口号：根据主题做口号。
- 应对意外：做另外一份游戏备案。

9.2.2　策划活动的准备工作

对于活动策划者来说，活动的宣传方式是活动成功的"带领先驱"，当宣传效应非常好时，活动成功率会大大地提高，若宣传效果不佳，那么活动效果必然不会好。

活动时间虽然有时候会延后结束，有时候又会提前开始，但其毕竟都有一个相对固定的时间段，想要在这个固定的时间段内实现活动效益的最大化，就一定要在活动还没开始之前就着手前期的准备工作，就如演唱会要提前售票，电视节目要提前预告，活动策划也是要提前宣传的。下面就从 3 个方面来了解活动中的宣传使用。

1. 宣传的主要作用

活动宣传的主要作用在于吸引人流量，让人们知晓企业活动的存在，只有这样才能提高活动的成功率，在活动策划书中，也可以将活动宣传的手段讲述出来。活动宣传的作用有以下几种。

第一，提高活动的成功率。

第二，吸引人们积极参与。

第三，吸引各大媒体的注意力。

第四，展示企业、产品、品牌形象。

第五，使人们接受相关信息的宣传。

2. 宣传的考虑因素

活动策划者在选择宣传渠道时，需要考虑其渠道是否能为活动带来最大化的效果，不然活动宣传就会变成一种既"烧钱"又"无用"的活动策划策略。由此，活动策划者在选择宣传渠道时，需要考虑3个问题，如下所述。

- 企业精准人气是否在此渠道比较聚集。
- 此渠道能给活动带来怎样的宣传效果。
- 活动是否适合此渠道的整体风格。

活动策划者在选择活动宣传策略时，需要在宣传策略中嵌入6大特色，才能具有吸引人们注意力的作用：第一，主题鲜明，将活动主题表达出来；第二，广告需要创新力的内容；第三，广告需要幽默风趣的娱乐化内容；第四，在宣传中简要讲明活动内容；第五，用真实的产品宣传刺激用户；第六，优惠刺激消费者的兴趣。

3. 宣传的方式方法

活动宣传方式多种多样，活动策划者若想在众多的宣传方式中选出一个最合适活动的方式，则需要从3个方面加以考虑，具体如下所述。

- 活动成本问题。
- 活动宣传面对的受众是否是活动需要的。
- 是否适合活动主题。

除此之外，活动策划者还需要对活动宣传方式有一定的了解，才能从客观上进行选择，下面就来了解活动宣传的常见方式。以微信朋友圈、热门互联网载体和实体宣传单为例，相关分析如下所述。

第一，微信朋友圈推广，利用关系网宣传产生口碑效应。

第二，互联网载体广告，借助门户网站发布广告扩大影响力。

第三，发送宣传单告知，顺应人流发送，定向直达宣传信息。

9.3 线下活动的操作步骤

一般策划一次线下活动，都需要按照以下几个标准流程来进行，本节对这些步骤进行具体阐述。

9.3.1 第一步：明确活动目的

一般来说，由于活动类型不同，活动目的也会随之不同。因此，活动策划者除了要明确目的之外，还可以根据活动类型来确定活动目的。下面就列举几个活动类型，以了解类型背后的活动目的。

(1) 众筹活动。众筹是如今比较火的一种营销活动，线下一般是指在特定的时间内向消费者提供新产品的性能、特色、背景等方面的信息。发起筹款活动，若筹款成功则会给筹款人赠予各种礼物。如苏宁众筹就是一个线上线下结合的众筹平台，如图 9-7 所示。

图 9-7　苏宁众筹官网

众筹活动背后所影射出的活动目的有 8 个：第一，为产品研究筹款；第二，提高产品销量；第三，提高品牌知名度；第四，积累消费者信息；第五，让更多人了解产品；第六，获取产品体验反馈信息；第七，完善产品；第八，吸引媒体注意力。

因此，其可以设定一些优惠措施来吸引受众参与，如图 9-8 所示。

图 9-8　筹款回报

专家提醒

众筹背后所隐射的目的，并不止以上所说的那些，活动策划者需要有判断的能力，看自己策划活动的目的是否属于众筹活动，若属于则可策划一个众筹活动；若不属于则需要活动策划者再次考虑、选择合适的活动类型。

(2) 促销型活动。促销活动顾名思义就是指以产品促销为目的的活动类型。这类活动的策划要求其实并不高，一般在活动策划书中只要将以下 4 个方面的内容撰写清楚，被企业管理者批准的可能性就较大，这 4 点内容分别是促销力度、背景、时间、目的。当然促销型活动的目的，并不只是为了促销产品，还可有其他几个目的。

第一，增加产品知名度。

第二，处理过季产品。

第三，提高品牌美誉度。

第四，提高产品销量。

(3) 内部型活动。一般企业还会以公司员工为受众，举办内部活动。内部活动一般可分为两种，且两种类型的活动目的也不相同。

第一种为户外型，是为了奖励和答谢员工，进一步维持与员工的感情，同时提倡公司精神。

第二种是会议型，举行这种类型的活动有 4 个目的，即解决问题、推出新产品、表彰员工和提供员工培训。

9.3.2 第二步：清除成本花费

在进行活动策划之前，活动策划者需要清楚一次活动大概的成本花费，这样才能拟定一份资金保证给企业管理者，然后获得活动资金，而活动策划者需要按照活动资金预算进行整个活动的策划。

(1) 估算成本。活动策划者在进行活动策划之前，就必须估算出成本，当然由于活动内容的不同，活动成本的估算价格和估算要素也是不同的，这就需要活动策划者日积月累的经验才能一个人完全胜任估算工作，不然就需要活动策划者在估算成本的过程中，与其他部门的人员多多沟通，征集意见。

一般常用成本花费要素为 10 个。

● 邀请函费用。

● 场地租赁费用。

● 公关费用。

● 礼品花费。

- 音乐设备。
- 座位租赁。
- 聘用保安。
- 宣传费用。
- 会场布置费用。
- 工作人员的工资。

(2) 细算成本。活动策划者估算出大致成本后，还需要进行成本细算，进一步保证活动成本花费的精准性。例如，企业准备在酒店里邀请同行知名人士举行晚宴活动，这里就不考虑其他的成本费用，只考虑在酒店内的花费。

9.3.3　第三步：初步策划活动

活动策划者在确定了活动目的和活动成本花费之后，就需要进行初步的活动策划，慢慢将活动策划成型。活动策划者在进行活动策划工作之前，千万不要自己一个人埋头苦干，不然策划出来的活动会出现不严谨的情况。

因此，活动策划者需要组织一个团队，一起完成一次活动的策划，团队人数可根据活动大小来确定，一般小型活动在 10 人以下即可，大型活动要根据活动的具体要求进行人数的拟定。

活动总策划者需要根据团队成员的性格、爱好、技能来分配任务，只有这样团队成员在处理问题时才能比较有效率。团队中，还需要多开会议征求团队成员对各方面的意见和看法，以及考虑是否要求助外援，例如，活动策划专业人士、公关方面的公司、活动运营导演等，通过他们专业的能力来给活动添彩。

组建活动策划团队后就需要进行构思。活动构思是整个活动策划过程中的关键部分，它与活动设计、活动成功运行、在活动中发现问题等方面组成策划活动的整体。活动策划团队在构思的过程中，需要考虑 9 个问题：

活动的目的是什么？主题是什么？是一次性的还是连续性的？在一天中哪个时间段开展？在一月中的哪天开展？在哪个地方开展？活动中应该具有哪些内容？活动的受众是哪些？

活动策划团队还需要确定好活动类型，一般可以根据活动目的加以确定，如欲一个目的可以应对多个活动类型，届时就需要活动策划团队考虑以下 3 个问题，再进行活动类型的选择。

第一，活动目的适合哪些活动类型。

第二，根据活动主题再一次挑选类型。

第三，根据企业经济能力选择类型。

在策划活动的过程中，总会遇到各种各样的问题，例如，难以找到合适的活动地点、难以联系合适的娱乐节目等。解决问题是需要时间的，因此，活动策划团队需要将活动策划时间整体性地计算出来，避免出现时间不够用的状况。

活动策划团队在计算策划时间时，需要考虑以下3个问题。

第一，确定从策划→布置→举办活动的整体时间。

第二，计算每个活动项目需要花费的时间。

第三，解决已知问题所要花费的时间。

9.3.4　第四步：明确活动细节

众所周知，细节决定成败。因此，明确活动细节是活动策划最后一个步骤，而活动细节方面的问题需要考虑下面几点。

(1) 预留时间。活动策划需要预留一部分的时间检查活动整体准备情况，若发现问题也可用预留时间进行解决。一般来说，预留时间可为 1 ～ 3 天，在预留时间段，需要做两件事。

第一，活动策划团队要一一检查各部门的准备状况。

第二，了解各节目可执行能力，以及工作人员的心情。

(2) 明确客人名单。活动策划者需要将邀请的客人列在表格中，然后再确认客人是否能如期到达，且活动座位有前后顺序，一般需要将比较重要的客人安排到最靠前的位置，然后按客人的主次进行座位的安排。

(3) 对工作人员的要求。活动工作人员的调配除了需要合理之外，还需要让他们注意 4 个方面的要求：第一，衣着方面的要求；第二，行为举止方面的要求；第三，礼节方面的要求；第四，处事风格方面的要求。

活动可进行操作的原则特点有 5 个：第一，从实际出发；第二，从真实出发；第三，从科学出发；第四，可操作性强；第五，具有前瞻性和吸引力。

9.3.5　第五步：做好评估调查

在活动结束之后，最好是制作一个评估调查问卷，向员工、参与活动的媒体投放，了解他们对活动的满意度，以便为以后活动策划提供思路。

活动策划者在制作评估调查问卷时，需要明确两个内容。

- 评估的目的。
- 评估的内容。

活动策划者需要根据评估目的确定评估内容，常见的方式就是对整个活动进行评估，找出活动整体开展过程中的优缺点，积累经验，为以后的活动积累经验。

一般来说，活动策划者可以针对下述 4 个方面进行评估。

- 活动前准备工作评估。
- 活动整体过程的评估。
- 活动整体花费的评估。
- 活动整体效果的评估。

9.4 线下地推活动的策划

线下地推活动是对线上引流的有效补充。哪怕是没有实体店的商家，也可以通过线下地推获得人气。不过在实际的营销活动中，这类商家都比较重视线上推广，很少在线下地推活动上投入更多的精力，因此本节就带大家深入了解线下地推活动的重要性以及策划方案。

9.4.1 线下地推活动的好处与优势

地推主要是指地面推广人员，一般的地推活动是指推广人员在人流量较大的商场门口、周边以及学校门口等地方派发传单的一种地面宣传方法，简单地说就是在准客户多的地方进行宣传。

这说起来像是一件不难的活动，但事实是这样吗？其实有不少企业并不知道如何利用地推活动达到营销目的。近几年企业在互联网上进行品牌宣传的成本很高，竞争也日益激烈，而地推活动正是企业可以重新利用起来的推广方式。

地推这种原始的方式效果很明显，同时也发挥着重要的作用。地推与其他网络媒体渠道的宣传还有一些共同点以及区别，下面从共同点与区别两个方面来阐述地推活动的优势。

1. 地推与网络传播的共同点

(1) 有效。其实地推的成本也不低，需要准备宣传物资，远一点的推广还包括交通费，有时还需要与场地负责人沟通打点；地推也并不轻松，一整天风吹日晒，还有可能被目标客户不断拒绝。但在网络宣传渠道数不胜数的今天，还是有不少企业坚持进行地推，原因就是地推的宣传效果与线上推广一样明显，因为地推是直接面对用户的，是向用户传播品牌的最有效途径。

(2) 精准锁定目标传播对象。企业可以根据自身产品的特点锁定目标人群从而选择合适的社区或用户群进行地推。

(3) 流量大。与网络渠道的推广一样，地推活动的推广也有着不小的流量，比如在一个社区做推广，那么周末、节假日都是人流上涨的高峰阶段，且这些人只要认可了企业的产品，都是会进行二次选择的准客户，同时这些客户还会在自己的圈子帮企业宣传，拓展更多的客流。

(4) 有针对性。地推和网络平台推广都能够根据产品不同的受众，选择地推活动的地点，传播和吸引的客户更加精准，同时也意味着推广的效果更好，吸引的目标人群的质量更高。

2. 地推活动的特点

(1) 能有效利用社区资源。社区是人流量比较大的地方，在社区的广场、活动室这些人群密集的场所，可以合理地进行产品推广，还可以让社区的人在自己的圈子进行传播，并将线下的用户引到线上，进行资源整合。

(2) 直面客户。地推是能够直接和目标客户面对面接触的，因此跟客户的交流越多，客户越容易被留住。不过地推虽然是有效的宣传方式，但推广力度也是有限的，所以想要获得最佳的宣传效果，最好是同时进行线下地推和线上渠道推广，比如利用微博、微信这些流量平台。

(3) 塑造产品口碑。地推活动最直接的推广就是让顾客直面高质量的产品，进而塑造产品的口碑，获得良好的推广效果。

9.4.2　线下地推活动的策划要点

既然要进行地推活动，那么一定是以实现活动目标为主的，而为了更好地实现活动目标，活动的管理者需要将参与地推的员工进行合理的分工，进行活动的策划。其次还需要考虑以下几个问题。

(1) 加强顾客二次传播。顾客的二次传播是企业在进行推广活动时应该把握的重点，前提是产品质量要经得起考验，之后只要是对产品有需求的顾客，无论是否购买产品，销售人员都要加深对方对产品的了解和认可，最好的结果是让目标客户转化为产品的实际消费者，并愿意主动进行产品传播，带动身边的好友、同事购买产品。

(2) 及时获得消费者反馈。产品在经过销售以后，企业需要收集一些消费者对产品的反馈，比如对产品的使用情况、购买产品的渠道以及对产品的具体看法等信息，而这些信息能够对以后的地推活动起到很好的指导作用，让企业更明确产品的受众和产品的卖点，也能更加精准地进行推广。

(3) 地推人员专业素质及形象。地推人员是可以说是目标受众对企业品牌的第一印象，因此他们的着装、举止、话术都至关重要。有购买需求的顾客需要他们敏锐地观察出客户的具体喜好，促成产品销售；已经购买产品的消费者也需要他们打下客户基础，促进该客户的二次购买；而对于购买产品犹豫不决或是需求不大的客户，也需要他们传达出产品的核心卖点，激发对方的购买欲。所以一个合格的地推人员，是能够对产品推广和树立公司的优质形象起到重要作用的。

(4) 确立目标。在进行地推活动的策划之前，如果选择的推广地点是社区的话，就要先深入了解该物业管理社区的特点，以及开发商、物业公司、业主各方面的情况，便于后期更好地进行推广。

其次企业需要根据不同的地推场景，明确此次地推活动的目标。是给这次活动一个比较基础的目标，只需要吸引到一些新顾客，还是有更高的目标，不仅要吸引新顾客，还要能够得到开发商、客户或业主的高度认同以及拿到后续项目的合作，这同时也是为企业的产品品牌打造了一个好的口碑。

(5) 合理分工。活动负责人需要根据地推人员的不同特点、专业等，为其分配不同的工作，让地推人员各司其职，并能在专业上优劣互补，完善工作，活动的主要负责人需要控制整体的活动内容，让每个地推人员的工作都能达到较高水平，能够灵活应对地推活动中的各种问题。

(6) 准备礼品。在地推活动进行时，宣传标语和小礼品都是很重要的。一定要让场地的目标客户有兴趣关注，后续的推广工作才能更好地进行。一般来说，宣传标语要尽量写得有辨识度，因为现在大多数人对线下活动都已经屡见不鲜了，没有特点的活动未必会引发大众的关注。同时在地推礼品的选择上，要注意礼品的实用性，能在生活中用到的礼品才会对客户产生吸引力，还可以在礼品上印品牌标志，以获得最大的推广效果。

(7) 选择最合适的场景。举个很简单的例子，如果是线上或线下教育课程的推广，就要选择学校或者小区，而进行商品推广则尽量选择大型商场。这样选择了最合适的地推场景之后，能够对地推活动的起到事半功倍的作用。

(8) 移动网络。在做地推活动前，必须根据地点和推广内容做好移动网络的准备。比如是在街上需要用户扫码或者是下载小程序以及软件的地推时，最好准备 wifi，让目标客户能够轻松不费流量地完成整个操作，如果推广地点有免费 wifi 则不需要准备。

(9) 活动宣传。也就是说在进行地推活动之前，企业可以进行预热，提炼出活动中能对客户产生吸引力的要点，并告知大家活动开始的时间和地点，为正式的地推活动进行铺垫，这样聚拢的人才会更多。

9.4.3　线下活动人员如何培训

想做好一次地推活动，执行力是必不可少的因素，活动人员的培训同样也是执行力的一环，那么如何对地推人员进行培训？具体有以下几个方法，如图 9-9 所示。

服装规定	尽量让地推人员统一服装，毕竟地推人员也是品牌形象的一种体现，正规的着装是获得客户信任的基础
现场规范	在进行地推活动时，可以制定一些推广人员轮流休息、不准使用手机、闲聊、不准在推广地点吃东西等规定，规范化管理
应对措施	在地推活动的现场会面对很多突发情况，这需要管理者先进行预设，比如用户会询问哪些问题、如何回答等
管理人员	每个地推点需要配一个监督管理人员，因为除了地推人员管理以外，还要管理物资分配、总结数据、处理特殊情况等
汇报表格	地推人员的名称、参与地点、参与时间、数据汇报等需要做一个表格，方便管理及数据核对统计
标准话术	要制定一套完整的地推话术，从最基础的"你好"开始到品牌以及公司的介绍最后引导目标客户关注，都需要详细地写出来
物品清单	地推活动配备的所有物资都要列一个清单，以免物品遗失，最好每次都记录物资出入数量，也便于管理人员及时进行补充
客户定位	根据产品推断出目标客户的穿着或外形等详细特征，方便地推人员在活动的实际操作中及时辨认
明确地点	管理者需要明确每个地推人员活动的具体位置，并在地图上进行标注，知道地推人员的站位分布
考核标准	指管理者如何与地推团队结算，通常地推是按天结算的，但实操过程中有很多细节数据要等活动结束，所以企业最好定一个详细的考核标准，比如预留一部分根据一周后的转化率来结算

图9-9　地推人员的培训

第 10 章

信任：从 0 到 1，建立强信任关系

学前提示

微商、网红、自明星们在朋友圈进行营销活动时，由于一些不恰当的刷屏，常常受到朋友圈好友或粉丝的排斥、屏蔽、拉黑，不但使营销活动大打折扣，还会影响与好友建立的情感。本章将主要介绍建立互相信任，打造良好的朋友圈营销氛围的各种方法，希望读者熟练掌握本章内容。

- 一分钟看懂直销、微商和传销的区别
- 微商获得客户信任的 4 个阶段
- 微商获得客户信任的技巧
- 吸引客户关注的技巧

10.1 一分钟看懂直销、微商和传销的区别

现在只要打开朋友圈，就不难发现微商在推广的产品，无论是食品、服装还是护肤化妆品应有尽有，产品丰富的同时，也说明现在是一个全民经商的时代，很多人都做起了微商，而在生活中大众遇到的直销产品也不少，也正是因为这样，有人会分不清微商和直销甚至是传销的区别，下面就为大家详细介绍直销、微商和传销的区别究竟在哪里。

(1) 直销的定义。狭义的直销是指产品的生产商、制造商以及进口商通过直销商将产品面对面地销售给客户，直销的方式包括单层直销和多层直销两种。

单层直销是靠销售人员的人际关系来销售产品获得提成的，不过销售的客户没有成为销售人员，也没形成一个分级结构，所以是合法的。多层直销是销售人员除了销售产品外，还可以让一些有意向的人参与产品销售，同样可以获得提成。

图 10-1 所示，为直销品牌的官方网站。

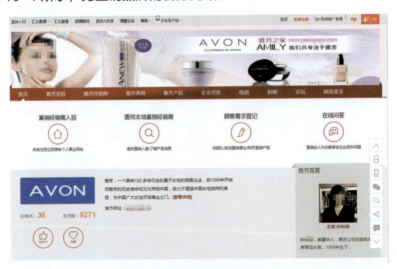

图 10-1 直销品牌的官方网站

(2) 微商的定义。微商是指在线上，更多的是微信上进行产品售卖的商家。在微信已经深入人们生活的当下，微商可以说颠覆了传统的销售方式，可以不用开实体店，就能售卖我们日常生活中的商品，是一种通过手机朋友圈等社交软件来销售产品的行业。

(3) 传销的定义。一般来说，有以下这些行为的属于传销，如图 10-2 所示。

传销其实是在直销的基础上，没有产品销售，而是直接发展人员的一种模式，并纯粹地通过滚动式的发展人员收取费用，获取非法利益。还有一种情况是有产

品做噱头，但将产品以高出成本数十倍的价格卖给发展人员，且运营的核心还是人员的发展，产品并没有实质的保障。

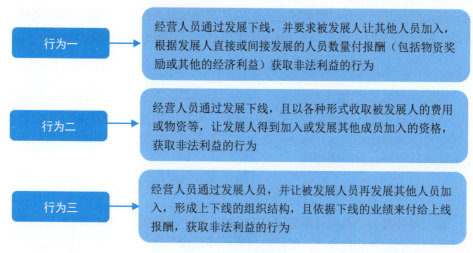

行为一	经营人员通过发展下线，并要求被发展人让其他人员加入，根据发展人直接或间接发展的人员数量付报酬（包括物资奖励或其他的经济利益）获取非法利益的行为
行为二	经营人员通过发展下线，且以各种形式收取被发展人的费用或物资等，让发展人得到加入或发展其他成员加入的资格，获取非法利益的行为
行为三	经营人员通过发展人员，并让被发展人员再发展其他人员加入，形成上下线的组织结构，且依据下线的业绩来付给上线报酬，获取非法利益的行为

图 10-2 传销的行为

总结下来，直销、传销和微商的销售模式并不同，传销是不以销售产品为目的的，并且是国家明令禁止的违法行为；直销是为了销售产品，且是国家允许的合法销售行为；微商是依托社交软件进行销售，用户可以足不出户买到微商的产品。

10.2 微商获得客户信任的 4 个阶段

微商获取客户的信任当然不是一开始就能成功的，需要经历 4 个阶段，本节对这 4 个阶段进行详细的介绍。

10.2.1 初始阶段

在这一阶段主要是微商个人取得客户的信任，可以从以下几个方面入手。

第一，穿着要专业，至少让客户看起来舒服。

第二，清楚人际交往的礼仪，要举止得体、规范。

第三，要有具体的身份证明，比如个人名片、个人背景以及职业资历等。

第四，准备简单的销售工具，如宣传册、公司或个人资料等。

第五，找容易获得客户信任的人进行介绍，比如客户熟人介绍、专家介绍等。

在这个阶段，客户主要是通过平时的沟通来了解微商的，随着了解的不断加深，信任也会不断地加强。

10.2.2 信任产品阶段

客户对产品的信任内容包括功能、使用价值的真实性、实用性，也包括产品相对其他产品的优势是不是真的存在，以及产品在其他客户之间的口碑等问题，这些问题在客户使用产品之前，要通过销售人员的话术引导，让客户信任产品。

10.2.3 对品牌价值的信任阶段

在客户对品牌价值的信任阶段，微商处理客户对产品的使用问题时，必须专业，一般产品的使用问题包括产品的安全性、性价比以及功效等问题，只要销售人员对这些问题处理得当，就会给客户留下非常好的印象，同时这个优质的印象会增加客户对微商品牌的信任。

10.2.4 对售后服务的信任阶段

售后服务是每个公司都需要重视的一环，因为在销售产品时，每个公司都会对产品的售后服务作出承诺，如果售后服务不重视的话，会让客户对公司的信任大打折扣。而售后服务如果让客户满意的话，对于产品口碑的传播也是有好处的。

那么怎样提升客户对售后服务的信任呢？具体有3个方法，如图10-3所示。

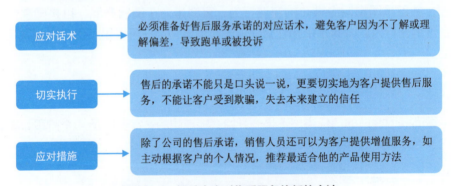

应对话术	必须准备好售后服务承诺的对应话术，避免客户因为不了解或理解偏差，导致跑单或被投诉
切实执行	售后的承诺不能只是口头说一说，更要切实地为客户提供售后服务，不能让客户受到欺骗，失去本来建立的信任
应对措施	除了公司的售后承诺，销售人员还可以为客户提供增值服务，如主动根据客户的个人情况，推荐最适合他的产品使用方法

图10-3 提升客户对售后服务信任的方法

10.3 微商获得客户信任的技巧

微商想要在朋友圈赢得好友的好感，增加好友对自己的信任感，就需要多提升存在感，展现帅气甜美的形象，颜值高吸引力就强，可以间接引发情感上的共鸣。本节主要介绍微商获得客户关注和信任的几个技巧。

10.3.1 快速解决客户难题

快速解决客户难题具体表现在以下几个方面。

第一，当客户询问与产品相关的问题时，如果微商帮客户解决了这个相关的问题，客户会对微商产生好感，提升信任度。

第二，当客户在购买前，不知道什么产品适合自己时，微商给客户提供了专业的建议，客户会更加倾向于在为他提供建议的微商这儿购买产品。

第三，当客户购买产品后，出现不懂的问题时，如果微商帮客户详细解答了这个不懂的点，会提升客户对微商售后服务的满意度。

10.3.2　与客户分享辛苦

在大多数人眼里，做微商很轻松，不用早起上班打卡、坐在家里一边看着电视一边吃着零食、一边带带小孩一边敷敷面膜、跟客户一边聊聊天一边卖产品、在朋友圈发几条产品信息、一边招代理一边还跟团队出去吃喝玩乐等。

似乎做微商就是很光鲜靓丽的，既有钱赚又轻松。却很少有人知道，微商背后的努力和付出，经常因为家人的不理解而受到责备；每天上百个快递要寄，光写快递单就能写到手软；跟团队培训学习到凌晨一两点；从到上级那里拿产品、给产品拍照片、修照片、发朋友圈、带代理培训等基本都会。

商户们在朋友圈营销过程中，平时除了在朋友圈中发产品的图片和产品信息之外，还可以偶尔跟客户诉诉苦，将自己拿货、发货、深夜上课培训的照片分享在朋友圈中，让客户看到一个努力认真为这份事业打拼的微商，赢得客户的信任。网红与微商一样，也需要经常在朋友圈中分享自己辛苦工作的历程与情景，让人感觉很上进，多分享一些辛苦过程的照片，更加具有说服力。

图 10-4 所示，为某位网红老师分享辛苦工作的图片，让人既信任又产生心疼的心理。

图 10-4　某位网红老师分享辛苦工作的图片

10.3.3　与客户分享激情

生活不仅有辛苦，还有着为梦想奋斗的无限激情，想要得到客户对你的认可，就要有可以激励人心的感染力。微商、网红、自明星们可以在朋友圈中分享自己或团队积极乐观、拼搏上进的有激情的内容，或是一些大咖的成功案例，这样能起到鼓舞士气的作用，客户会对你更加信任，如图 10-5 所示。

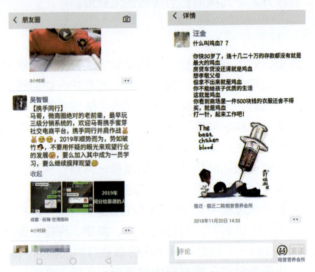

图 10-5　在朋友圈中分享自己拼搏上进的内容

10.3.4　与客户分享资质

相同种类的产品，售卖的肯定不止你一家，怎么让客户相信你，购买你的产品呢？首先一点，微商做的是可持续性的、长久的生意，那么就要保障产品品质，有口碑，才能带来销量。对于微商，要把对产品相关的新闻、明星代言的视频、质检合格证明等信息准确变更分享至朋友圈中，有图有真相才更有说服力，如图 10-6 所示。

10.3.5　与客户分享增员

老话说得好：耳听为虚，眼见为实。要想吸引更多的人加入你的团队，跟着你一起做微商代理，在朋友圈说得再天花乱坠、再厉害、再成功，人家顶多也只会信你 3 分，所以微商们需要经常在朋友圈中分享新进的代理名单、合照、与新代理加入团队时的聊天记录截图等，让原本还在观望状态的、有意向的客户或朋友圈好友下定决心，加入你的团队。

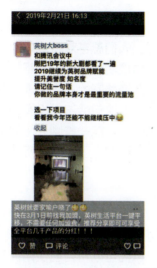

图 10-6　微商分享产品新闻以及明星代言的案例

10.3.6　与客户分享团队

　　现如今做微商从来都不是一个人，其背后还有一个庞大的微商团队，团队是商户们最坚实的后盾，微商、网红、自明星们团结互助才能促进团队的强大，团队越强大，在自明星道路上走得越长久。

　　在朋友圈中分享自己的团队、分享团队培训、上课等一系列活动的照片，让客户知道，你并不是一个人，你所从事的事业和销售的产品都是有一定权威性的，是有团队一起经营的，让客户可以对你产生信任感，如图 10-7 所示。

图 10-7　朋友圈中分享自己的团队的案例

10.3.7　与客户分享感悟

站在巨人的肩膀上，可以离成功更近。人们总喜欢看成功人士的演讲和他们取得成功的故事案例，这反映出人们内心对成功的渴望，希望能从中得到启发或者说找到成功的捷径。而微商们从走上微商道路开始，每个人收获不一样，心得感悟也是不一样的，所谓前人栽树后人乘凉，这句话不是没有道理的，微商们在朋友圈中可以多发一些微商营销的心得感悟，可能一些刚入门的微商或准备做微商的人群，会对这些心得感悟产生不一样的联想启示，而有所收获。

10.3.8　与客户分享体验

这里的体验，是指使用产品后的体验效果，在朋友圈中多分享产品的体验效果，并截图发朋友圈，可以增加一定的可信度。

第一个使用产品的自然是微商自己，微商可以将自己使用产品时的过程拍照或拍个小视频分享在朋友圈中，并和客户分享使用后的效果体验，引导客户购买产品，客户用过后使用体验跟你一致，会促使他们再一次购买你的产品，还能获得客户对商户的认可，效果好还会帮你做宣传，如图10-8所示。

图10-8　将自己使用产品时的过程拍照分享朋友圈

10.4　吸引客户关注的技巧

在微信朋友圈中，微商们除了进行营销时需要发产品的图片和基本信息以外，为了让客户信任自己，也可以分享一些工作内容、工作环境、工作进展等，这些都是微商增进与顾客关系的情感利器。本节主要介绍吸引陌生人关注你的6大技巧。

10.4.1 尊重客户

微商不要轻视任何一个客户。因为，客户经过购买产品使用后会成为你长期的忠实客户，并为你的产品进行大肆传播，给你带来更大的口碑效益和利润收益。但如果客户使用你的产品后不满，并进行负面的传播，这样一来你不仅是失去一个现有客户，还可能失去一大批潜在客户，甚至对你经营的产品的口碑产生负面影响。

10.4.2 形象甜美帅气

谁都喜欢高颜值的事物，如果是帅哥美女，那么对于与陌生人的交流来说就是一把利器，通过高颜值还能吸引到不少粉丝与追随者。所以，微商们在朋友圈除了发产品广告外，还要多发一些个人照片、自拍照、旅行照等，身材越好越能吸引到陌生人的关注。如图 10-9 所示，为某位从事减肥产品的微商在朋友圈发布的个人照片，形象甜美可爱，颜值高，让人有想交朋友的冲动。

图 10-9 某位从事减肥产品的微商在朋友圈发布的个人照片

10.4.3 品位高端

一个有眼光、有品位、有格调的人，更能被人所喜欢、所追逐，有足够的人格魅力。因此，朋友圈不要发低俗不雅的信息，而要发有一定品位格调的、源于生活又高于生活的内容，让客户觉得你是一个具有高尚人格魅力的人。如图 10-10 所示，为某位从事微教育行业的微商在朋友圈发布的一些有品位、有知识、有内涵的文章，让人觉得她非常有品位、有格调。

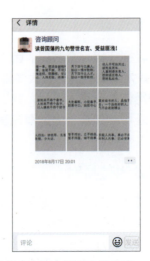

图 10-10 从事微教育行业的微商在朋友圈发布的文章

10.4.4 有上进心

无论是哪个时代，一个具有远大理想、勇于拼搏、敢于奋斗的人都更容易引起人们的关注和鼓励。

微商们在分享朋友圈的时候，最好多发布一些正能量的内容，如图 10-11 所示，不管你是何性别、什么年龄，只要有梦想、敢于追逐，什么时候起步都不算晚。让人觉得你积极向上、有很强的上进心、努力奋斗，感受到你个人的热情与温暖，不仅能够激励到朋友圈中的客户，还能提高他人对你的评价与看法，吸引人们的关注，让朋友圈的人更加信任你，支持你的事业。

图 10-11 朋友圈发布的正能量信息

10.4.5 学识渊博

俗话说：光说不练假把式。在朋友圈中，商户们不仅要让客户看到你的远大理想、奋斗目标，更要让好友看到你的成功、你的努力，知道你是一个有真才实学的、能给身边的人带来益处的人。

商户们在朋友圈中可以分享一些成功的案例，可以是自己的也可以是自己带的团队的，也可以将朋友圈的背景墙设置为比较有学识、有知识层次的类型，如图 10-12 所示。当然，微商们自己也需要经常去参加一些培训机构组织的培训课程，休闲之余对自己不断地学习、充电，这样才能不断进步，同时把自己学习理解到的知识、技巧分享到朋友圈中，既能给团队、代理做一个学习的榜样，更能让客户看到你的成功、你的真才实学。

图 10-12　将朋友圈的背景墙设置为比较有学识的类型

10.4.6 体现个人情怀

不能否认的是，在朋友圈里一直打广告的微商确实不太惹人喜欢。毕竟当微商们执意要将广告植入他人私生活时，当时就应该考虑到有可能不能被人接受这一点。聪明的微商在日常的营销中也会尽量融入一些更加充满个人情怀的内容，这样的微商不仅不会引人反感，甚至会让人喜欢上他的文风、期待每天看到他发的朋友圈。

如图 10-13 所示，为朋友圈中微商发表的关于个人情怀的信息。

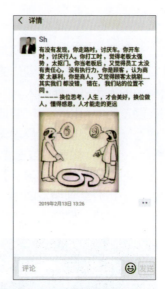

图 10-13　朋友圈中微商发表的关于个人情怀的信息

第 11 章

自明星：快速打造个人微商品牌 IP

学前提示

当微商自媒体新手具体了解了行业情况，熟悉了平台操作的优势，在技术、能力和心理上都有了成熟度，并且积累了一部分粉丝后，就能够向微商自明星的方向发展了，这时读者需要知道的是微商自明星的自我修养、操作技巧和如何塑造品牌。

- 如何从 0 到 1 打造你的个人 IP
- 7 种方法，成就高端个人微商品牌
- 规避认知误区与个人品牌的打造

11.1　如何从 0 到 1 打造你的个人 IP

IP 已进入了火爆的个人化时代，只要奋斗，人人都有可能成为爆款 IP，微商经营者可以好好利用 IP 这一新时代的商业模式进行运营。本节将立足品牌的建设与发展，向读者介绍品牌是运营的核心、品牌是增值的资本、品牌是个人或企业追求的地位，以及塑造个人品牌的方法。

11.1.1　打造个人 IP 形象的优势

品牌是现在企业个人发展的高端目标，为什么这么说？因为尽管品牌与品牌之间还有高低之分，但拥有品牌才能够拥有行业内的话语权。所谓的高端目标当然是指高端市场，拥有了品牌才有进入这个高端市场的通行证。下面主要介绍进入高端市场后，品牌在运营、增值和地位上给我们带来的优势。

1. 品牌是运营核心

一般来说，品牌是企业或个人经营进入高端市场的通行证，品牌的树立为经营带来了许多优势，比如提供了说服力、公信力和竞争力这些优势，使企业或个人能够进入高端市场，但进入高端市场之后，依旧要以品牌为运营的核心。以品牌为核心的运营表现在两个方面。

- 运营更加完善，让品牌有说服力和公信力。
- 运营不断升级，让品牌有竞争力和影响力。

2. 品牌是增值资本

大部分个人经营实现增值的方式是引进商业融资，但是融资方需要看到你的融资价值才会考虑投钱，而品牌就是最值钱的原始资本之一。在商业融资中，好的品牌有以下 5 大价值。

- 品牌具有用户影响力。
- 品牌具有用户号召力。
- 品牌具有用户公信力。
- 品牌本身就是资本。
- 品牌能使资本升值。

在品牌的 5 大价值里，用户影响力、用户号召力、用户公信力都是隐性的价值，品牌自身资本和资本升值才是直接可利用的价值。品牌的自身资本价值和品牌的资本升值价值的作用表现在两个方面。

第一，品牌自身的专利价值和商标价值，是可以直接变现的价值。

第二，品牌的文化价值升值和服务价值升值，是可以直接转化的价值。

品牌具有自己的产品专利和商标冠名，这些都是可以直接进行专卖变现的，比如英国的某汽车公司曾经也将自己的技术、商标和专利分别卖给中国的三家汽车公司，由此可见品牌是可以直接进行售卖，并且单独售卖的。

品牌的文化价值和服务价值虽然不能直接售卖，但也同样有自己的专利权，比如品牌名称、品牌广告这些文化范畴的东西都是不容许抄袭的，因此品牌的资本升值价值只需要稍稍进行转化，同样也能获得直接的物质价值。

3. 品牌是地位追求

品牌是企业或个人经营追求的地位，是能够获得商业融资进入高端市场的通行证和价值资本，有了品牌在业内才有地位。品牌的价值资本支撑企业在行业内的地位主要体现在以下 5 个方面。

第一，品牌是企业以及个人的经济砥柱。
第二，品牌是企业以及个人的信用支柱。
第三，品牌是企业以及个人的实力证明。
第四，品牌是企业以及个人的竞争武器。
第五，品牌是企业以及个人的商业基础。

虽然品牌是大家对地位的追求，但这种追求并不是一次性的，而是持续不断的，并且努力往更高更远的地位攀登的，在任何行业，品牌之间的竞争都是很激烈的，并且有等级之分，经营者虽然拿到了品牌这张通行证，顺利进入高端市场发展，但是这个市场呈塔状，一层一层有阶级之分。所以品牌更需要不断地完善自己、提升自己，打造更好的品牌，追求更高的地位。

11.1.2 个人品牌 IP 的速成方法

打造人物 IP 的本质其实还是内容，因为吸引粉丝要靠内容。那些能够沉淀大量粉丝的人物 IP 除了拥有优质的内容外，还有一些共性特点。

1. 灵活把握社交网络媒体的发展

人物 IP 的兴起并不是偶然现象，而是社交网络媒体发展过程中的一种新产品，其中网红就是最最直接的体现，网红们也因此成为最大的受益者。例如，新浪微博 2015 年的广告与营销收入占总收入的 80%，微博也从中看到新的商机，因此重点打造了"红人淘"移动平台，以社交电商模式来将强大的设计关系实现变现。

"红人淘"是微博与淘宝合作推出的移动产品，实现了红人经济与电商平台的结合，其中，淘宝带来了庞大的商品库，而微博则提供了优质的内容，从而将"红人淘"打造成为一个有价值的购物社区和分享平台。同时，平台还基于红人经济推出了内容合作模式，只要创业者有独创的、拥有版权的内容，或者丰富的导购经验，擅长搭配、有个性、有品位、有颜值等，即可加盟"红人淘"平台。

目前，正是微博、微信等设计网络媒体的环境迭代催生了网红，同时也刮起了"IP"营销风潮。那些被粉丝追逐的人物 IP，他们在社交网络媒体上都拥有良好的用户基础，所以才能取得好的成绩，尤其是一些热点 IP，更是成了内容营销的争抢目标。生于社交网络媒体的人物 IP 的主要特点有以下 3 个。

第一，随着社交网络媒体的集体爆发，产生了网红遍地的现象。

第二，在社交媒体的大环境下，网红类人物 IP 更加大众化。

第三，将互联网创业者的起点拉低，人人都可能成为 IP。

社交网络媒体的流行，尤其是移动社交平台的火爆，让很多能够创造优质内容的互联网创业者成为自媒体网红，这个趋势还将进一步延伸。

2. 提升商业变现能力

当然，要想获得真正的成功，一个重要的考量就是"变现"，即使你具备再强的实力，却赚不到一分钱，那么你的价值就没有得到真正地体现。如今，人物 IP 的变现方式已经越来越多，如广告、游戏、拍片、主播、社群、网店、微商、商业服务、卖会员、VIP 以及粉丝打赏等。

例如，2014 年 9 月，腾讯推出了《天龙八部 3D》手机游戏，将 PC 端的游戏精髓复制到手机端，并且通过应用宝、QQ 浏览器、QQ 游戏大厅等多平台结合推广，快速吸引流量。结果，只用了短短两个月的时间，《天龙八部 3D》就获得了超过两个亿的流水数据。

由此可见，人物 IP 只有具备较强的商业变现能力，才能获得真正的互联网和粉丝经济的红利。

3. 生产年轻有个性的内容

作为人物 IP 的重要条件，创造内容如今也出现年轻化、个性化等趋势。要创作出与众不同的内容，虽然不要求你有多高的学历，但至少要能闪现点有价值的东西出来。从某种方面来看，读书和阅历的多少，直接决定了你的内容创造水平。

例如，根据大型游戏《仙剑奇侠传》拍摄的电视剧，也俘获了一批粉丝而成为超级 IP，这也是其内容的吸引力表现所在。其中，作者将江湖与神话进行完美融合，通过一种全新的电视剧方式来展现游戏场景，可以勾起粉丝的童年记忆。

2015 年，仙剑系列再添一部网络剧——《仙剑客栈》，这部网络剧主要是应观众需求，将主角李逍遥设计为重回 19 岁，将赵灵儿、林月如、阿奴等游戏角色的剧情进行重新设定，让他们最终共同经营江湖第一客栈的完美结局，弥补了第一部中的悲情结局。据悉，《仙剑客栈》第一季的播放量就突破了 4 亿，这是其满足粉丝要求的完美内容所带来的收获。

总之，在互联网内容创业的大潮中，内容不能太简单地平铺直述或自卖自夸，而要用更新颖有趣的方式进行创意营销。《仙剑》系列产品显然都是做过这方面研究的，他们通过片花、预告片的传播互动情况来分析受众的类型与喜好，从而在内容上作出改进，这也是其成功的要点之一。

4. 跨越平台延伸领域

在进行内容传播时，切不可只依赖单一的平台，在互联网中讲究的是"泛娱乐"战略，企业可以围绕 IP，将内容向游戏、文学、音乐、影视等互联网产业延伸，用 IP 来连接和聚合粉丝情感。

企业可以借助各种新媒体平台，与粉丝真正建立联系，同时，这些新媒体还具有互动性和不受时间空间限制的特点。

5. 明确核心价值观

要想成为超级 IP，首先你需要一个明确的核心价值观，即平常所说的产品定位，也就是你能为用户带来什么价值。

例如，2015 年问世的动画电影《超能陆战队》是由迪士尼与漫威联合出品的。《超能陆战队》的推出让人们都记住了"大白"这个"呆萌"的动画人物。另外，由影视剧衍生的大白公仔、玩具等产品得到了火爆的销售。

当然，迪士尼的精心策划是《超能陆战队》获得成功的主要原因之一，但更多的原因是《超能陆战队》的 IP 抓住了差异化定位，有明确的核心价值观，那就是在青少年、儿童人群中塑造一个英雄式的强势 IP。

总之，企业在打造 IP 的过程中，当价值观明确之后，才能轻松作出决定，对内容和产品进行定位，才能突出自身独特的魅力，从而快速吸引关注。

6. 高频次的节目内容

如今，大部分超级 IP 都经营了 3 年以上，正是有他们运用连续性、高频次的内容输出，才抓住了这样的机会，而他们的产品供应链和服务体系并不输于一些大规模的企业。例如，2010 年便成名的 IP——"天才小熊猫"张建伟，就是在当年的"3Q 大战"中凭借《右下角的战争》系列脱颖而出的。

"天才小熊猫"坚持内容为王，借助奇虎 360 与腾讯之间的"3Q 大战"，将一小段子通过 GIF 动画的形式融入自己的创意，提高了内容的趣味性，同时运用系列来持续性输出内容，增加了故事性和情节性，具有很高的可读性。"天才小熊猫"在微博上发布的内容频次比较高，这也是他成功黏住粉丝的要点所在。

7. 培养人格化的偶像气质

在打造人物 IP 的过程中，运营者需要培养自身的正能量和亲和力，可以将一些正面、时尚的内容以比较温暖的形式第一时间传递给粉丝，让他们信任你，在他们心中产生一种具备人格化的偶像气质。有人说，在过分追求"颜值"的年代，"主要看气质"的流行蕴含着"正能量"。不过，对于互联网创业者来说，要想达到气质偶像的级别，首先还是要培养人格化的魅力，具体有以下几种方法。

第一，发表的观点要独特，不平凡，不肤浅。

第二，对自己的粉丝真诚。

第三，搞清楚粉丝的喜好是什么，然后成为粉丝喜欢的那种人。

俗话说"小胜在于技巧，中胜在于实力，大胜在于人格"，在互联网中这句话同样有分量，那些超级 IP 之所以能受到别人的欢迎、容纳，其实也从侧面说明其具备了一定的人格魅力。

11.2　7 种方法，成就高端个人微商品牌

俗话说，有了金刚钻才敢揽瓷器活。这里的"金刚钻"指微商的能力和素质，而"瓷器活"是指卖微商产品。本节主要向读者介绍打造优质个人微商品牌的 7 个注意事项，帮助大家迅速成为微商行业的佼佼者。

11.2.1　先了解顾客，再推销产品

我们遇到任何顾客，都要先了解你的顾客是哪种类型的人，他们的需求和痛点是什么，购买我们的产品主要是解决什么样的问题，用在哪些方面，给什么人购买。只有了解了这些问题，你才能根据顾客的实际需求，推荐最合适他的产品。这样的微商才是真正为顾客着想的，顾客也能感觉到你的真诚。

就算这一次顾客没有购买你的产品，你也要以友好的态度来面对顾客，真诚为顾客服务，说不定下次这位顾客就会主动上门找你购买产品。如果顾客一上来，你都不了解你的顾客，就直接推销对自己来说利润最大的产品，这时大部分的顾客是不会买账的，微商们需要注意这一点。

11.2.2　先贴心服务，再让其宣传

我们虽然卖出去的是产品、是货物，但我们要有非常贴心的产品售后服务。这样才能让顾客二次购买，打造出优质的口碑形象。

例如，我们卖给某位顾客一盒护肤品，过段时间一定要问一下这位顾客的使用情况，肤质有没有改善、皮肤舒适度怎么样、有没有不良反应等。像关心朋友一样去真正关心你的顾客，多花些时间与顾客互动。服务，可以让微商与顾客的关系更加紧密，促使顾客二次购买我们的产品，并主动宣传我们的产品。

11.2.3　细分领域，成为某一领域的专家

其实，每一个微商都可以成为自己细分领域的专家——对某一事物精通，或者说有自己独到的见解，能给别人中肯的建议，帮助他们创造财富，成为别人的人生导师。当然，这些都需要时间、经验的积累，也需要自己有一定的学识基础，再通过后天的勤奋与努力，就能成为某一领域的行家或专家。

如图 11-1 所示，为摄影构图细分领域的一位专家——构图君的相关页面。现在其已成为一名出色的摄影图书作家，在腾讯、千聊、网易等平台组织过多次摄影微课，粉丝数量已上百万，是"手机摄影构图大全"微信公众号的创始人。

图 11-1　摄影构图细分领域的一位专家——构图君的相关页面

11.2.4　安全健康，高质量才能获得忠实顾客

近年来，安全健康方面的信息广受消费者关注。随着人们消费水平的不断提高，对产品质量要求也越来越高，如产品是否是真货、对身体有没有副作用等。

关于安全健康的词汇频繁出现在人们眼前，如"无矾油条""一次性汤锅的火锅""绿色无污染的蔬菜""无添加剂零食"等。这就意味着微商们要从观念和行动上对产品提出高质量的要求，给予顾客安全保障。

如图 11-2 所示，为朋友圈中的微商发出的产品推广信息，这个推广中以产品质量、保证正品为重点，让消费者能充分相信产品的质量。

图 11-2　微商发出的注重产品质量的推广信息

11.2.5　消费群体，覆盖广才能保证销量

　　微商面对的大多是终端用户，是直接面对消费者本人。因此出售的产品所覆盖的消费群体范围一定要广，覆盖人群越广，产品的使用量就越大，销量就越高。

　　在刚刚出现微商这一职业的时候，为什么朋友圈卖面膜的微商那么多，十个微商有八个都在卖面膜，而且价格还那么贵，均为 198 元一套？这就是因为面膜覆盖的消费群体很大，几乎覆盖了所有女性和部分男性群体，市场很强大。到 2018 年的时候，虽然卖面膜的微商减少了很多，但面膜的销量依然很大。

11.2.6　卖点独特，好产品才能让人尖叫

　　产品的卖点要独特是指产品拥有让人尖叫的优势，意思就是能够为消费者提供良好的消费体验，有产品独特的个性。这种体验，就是消费者在使用产品的过程中对产品和其相关服务产生的一种认知和感受。这种体验的好坏直接影响了消费者是否会对产品产生好感，从而进行二次购买。

　　很多微商都无法提供让消费者满意的消费体验，原因就在于他们没有仔细站在消费者的角度为其考虑。那么，爆品的成功打造为什么要展现优势，替消费者考虑呢？笔者将这个原因总结为 3 点。

　　第一，用户体验决定产品或服务的价值。

　　第二，用户体验决定是否值得传播。

　　第三，用户体验决定是否二次购买。

以茵曼品牌服饰店为例，它不仅全面体现出了自身优势，还全心全意为消费者考虑，做到了把消费者的体验放在第一位。比如，其特别注重产品的细节方面带给消费者的体验。以店铺的一款女式大衣为例，在产品的各方面设计上，尤其专注于细节方面的打造。

- 经典的圆领设计，简单大方，时尚百搭。
- 绑带的镂空设计，注重时尚体验。
- 不规则的下摆设计，注重个性体验。
- 口袋设计独特，没有束缚感，时尚自由。
- 立体收腰的设计，贴合人体曲线，提升视觉效果。
- 采用双排扣设计，精致帅气，更显时尚美感。

如图11-3所示为茵曼品牌服饰在微信中开设的微店店铺，粉丝过百万，其火爆受欢迎程度可想而知。

图11-3　茵曼品牌服饰在微信中开设的微店店铺

11.2.7　好的口碑，传播才能更广、更快

随着时代的不断发展进步，一个产品的口碑变得越来越重要，口碑营销也在市场中占据着举足轻重的地位。如何有效打造口碑，获得消费者的一致好评，已经成为每个微商需要重视的问题。

在以前，口碑传播的途径比较单一，主要依靠人们的口头传播。在移动互联网飞速发展的现在，口碑的传播方式发生了翻天覆地的变化，从口头传播到通过各种移动设备互相交流、传播，口碑的传播方式越来越丰富。

消费者可以利用移动端设备，随时登录微信、QQ、豆瓣、天涯、贴吧等社交软件，通过各种"空间"和"圈子"把自己对产品的使用感想发布出去，以供其他消费者借鉴和参考。这样一来，口碑传播的渠道就更加广泛，因为所有用来交流的平台都可以为口碑的传播出力。

因此，口碑传播的速度不仅更快，影响的人群范围也更广。所以，处在移动互联网这个特殊的时代，产品的口碑已经变得愈发重要，消费者会根据口碑来对产品进行选择。

以知名火锅"海底捞"为例，该企业就是依靠高质量和无微不至的服务，获得消费者的一致好评，并因此声名远扬，拥有无坚不摧的口碑，已经成为业界的典范。"海底捞"从自身着手，所有流程的打造，都是本着顾客第一的原则，尽最大的努力让顾客满意，这样客户才会自愿帮助企业宣传品牌、打造口碑。如图 11-4 所示为口碑网的网友对"海底捞"的评价。

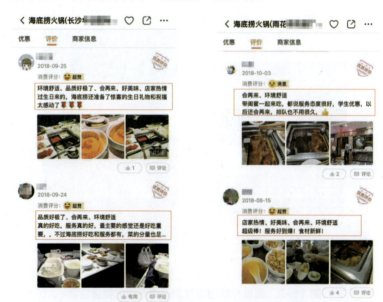

图 11-4　口碑网的网友对"海底捞"的评价

专家提醒

"海底捞"的例子告诉每一个企业，要树立品牌，打造口碑，就得从顾客的角度出发，为顾客着想，一心一意为客户提供最优质的产品和服务。如果只是为了将产品销售出去，全然不顾客户的感受，那么企业多半是不会成功的。

11.3 规避认知误区与个人品牌的打造

是不是微商自明星，评断标准只有一个，就是看营销水平。虽然文字写作、音频、视频剪辑的水平决定了自明星的质量和层次，但是如果缺少了营销，那就不能算得上是一个微商自明星，而是单纯的作家、剪辑师和制作师。微商自明星重在修炼和提升。本节主要介绍微商自明星在营销方面，需要规避的认知误区和要具备的能力。

11.3.1 规避 IP 的认知误区

IP 经济可持续发展的空间是不可估量的，当然，IP 营销也有很多认知误区，需要经营者有深入的了解，下面主要介绍 3 个需要规避的 IP 认知误区。

1. IP 等于网红经济

一个优质的 IP 肯定是有不少忠实粉丝的，不过有粉丝并不意味着是 IP，比如一些网络红人，通过网络渠道发布自己的观点或是利用直播等形式收获了一批粉丝，具备了一定的影响力，现在一些企业也会找这类网红合作销售产品。

如图 11-5 所示，为抖音网红销售产品的视频。

图 11-5 销售产品的网红

其实网红里有一部分是可以打造成 IP 的，不过我们在加深对 IP 的认知时，当然不能只关注网红这个领域。

2. IP 做广告就是借势营销

其实，现在我们很容易看到 IP 进行营销，比如罗辑思维火了之后就有了自己销售商城的链接，如图 11-6 所示。

图 11-6　罗辑思维商城界面

papi 酱火了之后也会转广告，或在自己的短视频中放广告，如图 11-7 所示。

图 11-7　papi 酱的微博广告

正是由于这种 IP 做营销的情况很多，让很多人混淆了 IP 的授权营销和借势营销的区别，其实这两者之间是有区别的。比如，微博上很火的美食博主"李子柒"，她在微博上推送的一些产品就有很多粉丝乐意买单，因为这个微博 IP 更多销售的是一种生活态度，且已经有了足够影响力的 IP，才能形成这样的营销，因此 IP 的授权营销核心在于内涵，而不是简单地借某个热门或红人的关注度来进行营销。

3. IP 等于知识产权

IP 是由知识产权的概念发展来的，且多数是以文章、小说的形式呈现，但如果我们只将 IP 的概念理解为文章或是小说等知识版权，会让 IP 的含义没有那么丰富。举个简单的例子，一篇非常火爆的文章或许并没有得到知识产权的保护，不是法律意义上的 IP，但因为其有影响力、有价值，在大众看来就是 IP。

比如，几年前作家周宏翔写的文章《地铁姑娘》，就温暖了很多人，在"见字如面"的节目上也有念到，虽然只是几年前发表在公众号上很短的一篇文章，但价值和影响力依然存在，如图 11-8 所示。

图 11-8　关于《地铁姑娘》的微博和文章

11.3.2　自明星个人品牌塑造的十大关键要素

其实无论任何模式的创业都需要具备相应的能力，才能顺利地进行下去，做自明星也一样需要具备 10 大能力。下面对自明星需要具备的 10 大能力进行具体介绍。

1. 必须具备专一的能力

专一是现在大部分想做 IP 的运营者不具备的能力，所以在打造自明星过程中也很少有人能坚持只做某个领域，常常是每个领域都想试一试，最后哪个领域也做不好。做自明星必须具备专一的能力，坚持做自己擅长的垂直领域，才能增加自身的竞争力。

比如微博大号"同道大叔"在一开始发微博时也只是个普通的漫画微博号，微博粉丝并不多，直到找准自己吐槽星座的定位后就没再变过，现在每发布一条吐槽星座的微博依旧有不错的点赞和转发，如图 11-9 所示。

图 11-9 "同道大叔"发布的微博

2. 必须具备独立思考的能力

那些只知道埋头苦干，而不注重思考的人很容易错过一些机会，甚至机会到了他面前，他都不会在意，因为没有独立思考过，所以也不会去思考自己做什么才是有意义的，自明星想要有抓住机会的能力，首先要能够独立思考。

3. 必须具备接受新事物的能力

互联网有一个非常有意思的地方，就是哪怕你错过了一个机会，也会有下一个机会出现，就看你能不能抓住，比如最初微博火起来的时候没抓住，后面还有微信，如果微信也没抓住，还有现在比较火的短视频。

不过这些互联网平台的层出不穷，也同样要求自明星必须具备接受新事物的能力，因为哪怕你抓住了一个机遇，如果不坚持学，在下一个机遇出现的时候还是会被别人超越。

4. 必须具备较强的心理承受能力

自明星作为一个公众式的人物，必然会受到外界或好或不好的评价，所以做自明星必须内心强大，尤其是当自明星粉丝数量越多的时候，承受的打击和压力会越大，因为粉丝会对自明星有各种要求，如果自明星心理承受能力不够的话，很可能坚持不下去。

除了粉丝以外，一些传统行业的人士很可能也会打击自明星，因为自明星的模式其实是有点侵犯到传统行业人士的，比较像一种竞争关系。

5. 必须具备商业化的能力

一般用自明星模式创业其目的就是为了商业化，通俗点说也就是盈利挣钱，因为这个行业竞争激烈，如果不商业化根本做不长久，所以自明星必须具备商业化的能力。

6. 具有打造自己风格的能力

一个真正的自明星都有自己鲜明的风格，只有这样才能被大众记住，所以自明星应该敢于去突破创新，在这个过程中打造属于自己的风格，将打造风格修炼成能力，就能吸引用户关注。

7. 具有营销能力

自明星的营销能力是指营销自己和产品，也就是吸引更多用户关注自己，等有了一定的粉丝基础以后，自明星就要开始进行产品营销了，无论产品是自己的知识课程还是会员、书等，自明星都要能够推广给自己的粉丝。

8. 具有沟通能力

沟通能力其实在每个行业都同样重要，自明星也是一样，不仅要有表达能力，更要具备和他人进行有效沟通的能力，因为打造自明星一般都需要一个团队，如果自明星不具备有效沟通的能力，怎么吸纳合作伙伴或团队成员？

9. 具有公众演讲能力

公众演讲能力是指敢于面对大众进行演说的能力，有不少自明星都是通过公众演讲取得成功的。公众演讲在最初的时候是用于发布会、企业演讲、主持、采访、培训等，而现在想要打造成功的自明星，也离不开公众演讲能力的加持。

10. 具有知识提升的能力

作为一个自明星，需要有非常丰富的知识和高强度的大脑，知识是自明星创作的核心力量，也是一切文化事业的动力源泉，如果缺少知识的储备，自明星的内容创作将缺少一个动力基础，即使勉强创作出来，也很难做到有说服力和吸引力。

自明星的内容创作是一项高强度的脑力输出，并且是硬性的定期、持续输出，这经常困扰创作者，感觉自己二三十年的学习积累和人生感悟，十几篇软文就被掏空了，然后就失去了后续创作的灵感和动力。自明星需要注意，发布的软文如果广告性太强，容易被人屏蔽，所以软文都需要带有感情，让人有想看的冲动和欲望，这样才是成功的自明星。

专家提醒

套用OPPO手机的一句广告语，做内容创作在知识学习和知识输出上，就要追求"充电五分钟，通话两小时"的能力，做到看别人一篇文章自己能想出4篇文章的写法。但是达到这种能力需要长时间的修炼和积累，对于一般的创作者来说，还是处于"学习两小时，写作5分钟"能力水平，所以更需要坚持学习不断提升。